教育部人文社科科学研究项目：
双循环新发展格局下模块化跨界搜寻驱动中国本土制造企业高质量发展研究
项目编号：22YJC630149

跨边界激励、外部组织承诺与销售人员绩效关系研究

王瑜 著

同濟大學出版社
TONGJI UNIVERSITY PRESS
·上海·

内容提要

跨边界激励是一个较为新兴的研究课题，本书借助关系营销理论、资源基础观理论、社会交换理论等，基于外部组织承诺的视角，试图打开跨边界激励促进销售人员绩效提升的“黑箱”。

本书研究以中间商销售人员对制造商的外部组织承诺为中介变量，构建了跨边界激励对中间商销售人员绩效的影响机制，深入剖析了跨边界激励与销售人员外部组织承诺以及销售人员外部组织承诺与其工作绩效之间的关系。实证研究结果表明，制造商跨边界激励对销售人员外部组织承诺有显著的正向影响，说明制造商跨边界激励能激发中间商销售人员对制造商企业目标和价值观的认同和接受，以及激励中间商销售人员为实现制造商目标投入更多的个人努力。同时本书研究证明销售人员组织承诺与销售人员外部组织承诺之间存在一种互补关系，在销售人员组织承诺水平较高的情况下，销售人员外部组织承诺与销售人员任务绩效之间的关系增强。

本书可以为制造商在渠道治理实践中实施渠道激励策略时提供参考。

图书在版编目(CIP)数据

跨边界激励、外部组织承诺与销售人员绩效关系研究/王瑜著. —上海:同济大学出版社，2023.1

ISBN 978-7-5765-0174-2

Ⅰ.①跨… Ⅱ.①王… Ⅲ.①企业管理—销售管理—激励—研究 Ⅳ.①F274

中国版本图书馆 CIP 数据核字(2022)第 043999 号

跨边界激励、外部组织承诺与销售人员绩效关系研究

王　瑜　**著**

责任编辑　翁　晗　**助理编辑**　孙铭蔚　**责任校对**　徐春莲　**封面设计**　陈益平

出版发行　同济大学出版社　www.tongjipress.com.cn
(地址:上海市四平路 1239 号　邮编:200092　电话:021-65985622)
经　　销　全国各地新华书店
印　　刷　江苏凤凰数码印务有限公司
开　　本　710mm×960mm　1/16
印　　张　11.25
字　　数　225 000
版　　次　2023 年 1 月第 1 版
印　　次　2023 年 1 月第 1 次印刷
书　　号　ISBN 978-7-5765-0174-2

定　　价　58.00 元

前　言

在网络化时代，松散的扁平化组织开始取代传统的金字塔形科层制组织，供应链不再集中于某个单一组织，而是由协作网络中的成员企业，通过跨界(boundary-spanning)的互动合作来共同实现。为了共同应对日益激烈的市场竞争和迅速变化的消费者需求，跨界治理的理念应运而生，其从本质上改变着传统的渠道关系。对于传统制造商而言，高效整合渠道系统以确保渠道有效运作成为决定企业获得市场竞争优势的关键。

为了达成渠道关系的高效协同，制造商在渠道治理实践中往往会实施各种类型的渠道激励策略。实施的渠道激励策略，既可能针对渠道中的成员企业，又可能针对渠道成员企业中的销售人员。渠道激励呈现多层次激励的特点，表现为从面向单个组织转向面向微观个体的变化趋势。实质上，在营销渠道管理实践中，不仅中间商会影响渠道整体绩效，而且中间商销售人员同样会对渠道绩效产生巨大的影响。因此，为全面提升渠道整体绩效，如何激励中间商，特别是如何跨企业边界对中间商销售人员进行激励，进而提升中间商销售团队对制造商的目标承诺和劳动投入水平，已成为当前现实实践中亟待解决的课题。

从管理理论的角度来说，跨边界激励是一个较为新兴的研究课题。虽然学术界从不同的研究视角对激励理论进行了较为深入的研究，但跨边界激励的研究尚处于起步阶段。针对上述问题，本书借助关系营销理论、资源基础观理论、社会交换理论等，基于外部组织承诺的视角，试图打开跨边界激励促进销售人员绩效提升的“黑箱”。研究以中间商销售人员对制造商的外部组织承诺为中介变量，探讨跨边界激励与销售人员工作绩效之间的关系，以此揭开制造商跨边界激励对销售人员工作绩效的作用机理。

本书在借鉴国内外研究成果以及实地深度调研的基础上，以汽车行业中经销商销售经理与其他销售人员为调研对象，通过现场和网络两种方式对经销商的销售人员进行了大规模问卷调研，共发放问卷320份，回收有效问卷212份。在数据处理过程中，应用了探索性因子分析、验证性因子分析以及回归分析等方法，在验证数据的信度、效度后，对假设问题和模型进行了验证。

本书结论主要包括以下几点：

一是构建了跨边界激励对中间商销售人员绩效的作用模型。在对关系营销理论、资源基础观理论、社会交换理论、社会认知理论以及激励理论相关研究做述评和文献梳理的基础上，构建了跨边界激励对中间商销售人员绩效的作用模型。本书以中间商销售人员外部组织承诺为中介变量，构建了跨边界激励对中间商销售人员绩效的影响机制，深入剖析了跨边界激励与销售人员外部组织承诺以及销售人员外部组织承诺与其工作绩效之间的关系。

二是变量维度的构建。针对汽车行业特性，研究利用半结构化访谈和实证分析，构建了跨边界激励、销售人员外部组织承诺以及销售人员工作绩效的维度结构。经实证分析得知，跨边界激励包含物质激励和非物质激励两个结构维度；销售人员外部组织承诺由价值承诺、努力承诺和持续承诺三个结构维度构成；从制造商的角度出发，销售人员绩效则由任务绩效和关联绩效两个维度组成。

三是跨边界激励与中间商销售人员外部组织承诺之间的关系。实证研究结果表明，制造商跨边界激励对销售人员外部组织承诺有显著的正向影响。值得注意的是，不同类型的激励方式会引起销售人员不同类型的承诺。通过大样本的实证研究可以看出，制造商物质激励和非物质激励能够激发中间商销售人员对制造商的外部组织价值承诺和外部组织努力承诺，而对中间商销售人员外部组织持续承诺没有影响。相关研究结论表明，制造商跨边界激励能激发中间商销售人员对制造商企业目标和价值观的认同和接受，以及激励中间商销售人员为实现制造商目标投入更多的个人努力。

四是销售人员组织承诺的调节效应。大量研究文献已经证明，在双重组织承诺中，组织承诺与外部组织承诺存在相互的影响（Webber，2011；George和Chatopadhyay，2005）。在本书中，中间商销售人员外部组织承诺与其工作绩效之间的关系并不是一成不变的，它们之间的影响关系受到销售人员组织承诺的调节作用。本书的实证结果显示，在销售人员组织承诺水平较高的情况下，销售人员外部组织承诺与销售人员任务绩效之间的关系增强。这表明销售人员组织承诺与销售人员外部组织承诺之间存在一种互补关系。

最后，在理论研究成果的基础上，本书进一步对结论的实践应用进行了探讨。①构建渠道跨边界激励机制，优化渠道治理策略设计。一方面，制造商通过跨边界激励，直接给予中间商销售人员奖励，可以提高销售人员的工作满意度。另一方面，在开拓新市场或销售新产品的时候，制造商跨边界激励可以引导销售人员付出额外的销售努力，提升销售人员的工作积极性。②在实施跨边界激励策略的同时，应当关注销售人员的外部组织承诺状态。制造商在实施渠道激励的同时，要重点关注中间商销售人员的努力承诺和价值承诺，从而有效提升个体的工作绩效。制造商应当经常通过对中间商销售人员进行满意度调查、深度访谈等方式，及时掌握销售人员对制造商组织承诺的状态，通过有效激励手段提升销售人员对制造商的价值承诺和努力承诺。③关注外部组织承诺与组织承诺对工作绩效的影响。本书研究表明，销售人员组织承诺与销售人员外部组织承诺之间是一种互补关系，外部组织承诺的欠缺能够在一定程度上被组织承诺弥补。根据此结论，从制造商的视角来看，在渠道销售人员治理中，除了关注销售人员的外部组织承诺，同时也要关注销售人员对自己所在企业的组织承诺。从渠道整体关系的视角来看，制造商和中间商可以携手提高员工的外部组织承诺和组织承诺水平，通过设计协同激励机制，提高员工两种组织承诺水平，从而提升销售人员的工作绩效。

王瑜

2023年1月

目　录

前言

第 1 章 >>>

绪　　论

1.1　研究背景

彼得·德鲁克(Peter F. Drucker)说过,“工商企业有且只有两个基本功能:市场营销和创新。”营销工作的好坏直接关系到企业的生存和发展,而营销渠道被企业视为决定市场竞争成败的关键因素以及企业发展的战略性资产(Coughlan, 2001)。为了应对迅速变化的消费者需求和日益激烈的市场竞争,越来越多的制造商使用独立中间商拓展市场渠道,在降低制造商市场营销成本的同时,又可以获得中间商在当地市场丰富的销售经验和专业的销售团队(Churchill 等, 1997; Novick, 2000)。中间商渠道模式已经成为流通领域一种占主导地位的渠道形式(Coughlan 等, 2006)。在我国,以特许经营、超级卖场、电子商务等为代表的中间商渠道模式得到了迅猛发展。

市场营销服务不再由某个制造商单独提供,而是由协作网络成员通过跨边界(boundary-spanning)的合作来共同完成。随着中间商渠道结构形式的复杂化,制造商在渠道治理中面临着越来越大的挑战。因此,有效治理营销渠道,确保渠道网络有效运作,已经成为制造商打造市场竞争优势的关键所在。作为渠道治理的重要策略,渠道激励在渠道治理中发挥着越来越重要的作用(Gilliland, 2003)。随着关系营销理论的研究发展,对渠道激励对象的研究,呈现由组织视角向微观个体视角的转变。也就是说,渠道激励既包括对中间商的组织间激励,又包括对中间商渠道人员的跨企业边界激励(庄贵军, 2012)。

在营销实践中,制造商实施的渠道激励策略,包括广告宣传补贴、价格优惠、销售支持、销售人员激励、促销活动统筹等。在渠道总体激励投入不变的前提下，制造商需要对渠道激励策略进行合理的设计，考虑不同激励策略对渠道绩效的影响，通过对资源进行有效配置，实现渠道激励效果的最大化。而在当今竞争激烈的市场环境下，高效的销售队伍成为企业获得市场竞争力的关键性资源（裴一蕾，2009）。因此，制造商在渠道激励中越来越重视跨企业边界激励的作用。在美国，销售人员补偿激励费用可占到制造商总渠道费用的 40%（Johnson，2003）。在中国，汽车制造商将跨企业边界激励视为提升销量、降低渠道销售人员流失率、延伸品牌营销策略的重要手段之一。汽车制造商给予经销商销售人员的激励也十分丰富，包括现金、礼品、培训认证、精英比赛、海外进修等（杨英，2012）。如国内某知名汽车制造商在实施跨边界激励后，年销售量提升 43.7%，经销商销售顾问流失率由 45.4%下降到 22.4%（郑鑫和叶明海，2014）。

虽然跨边界激励已经在营销领域被应用，但在实践中仍存在着诸多问题。与企业内部销售人员相比，中间商销售人员具有很强的独立性和分散性，制造商对中间商销售人员的激励和管控更加复杂（Pruden 等，1972）。而制造商对中间商销售人员的跨边界激励行为，也可能会引起渠道的冲突和矛盾。①制造商与中间商属于法律上独立的经济实体，制造商不能直接插手中间商销售团队的管理，而中间商也不希望自己的销售人员被制造商直接管理。因此，制造商需要与中间商建立起长期互信的伙伴关系。②使跨边界激励产生长期效果，不仅要提升销售人员短期绩效，还要对其长期绩效提升有所促进。③中间商销售人员与制造商在频繁的互动中产生了心理联系。在跨边界激励过程中，制造商要关注中间商销售人员心理认知和情绪因素对激励效果的影响，特别是外部组织承诺对激励效果的影响。④制造商跨边界激励需要与中间商的薪资体系和激励制度相匹配，实现跨企业协同激励。制造商对中间商销售人员的跨边界激励是渠道治理在实践运营和理论研究中面临的新问题，因为制造商在组织内部对销售人员实施的激励制度，在跨边界的激励中可能不适用。如何有效实施针对中间商销售人员的跨边界激励，保障渠道上下游企业激励的一致性（incentive alignment），提升渠道的整体竞争能力，是具有重要意义的研究课题。

此外，制造商跨边界激励过程中必须重视中间商销售人员对制造商的承诺问题。随着经济全球化的迅速发展，企业运用劳务派遣、外包服务、特许经营等多种商业形式提高灵活性，以应对日益激烈的市场竞争。企业雇员可能在劳动派遣、外包服务等互动过程中与供应商、客户、特许方建立起长期、互信的关系，从而对多元组织产生承诺(Reichers，1985)。也就是说，企业雇员在对雇佣组织产生承诺的同时，也可能对供应商或客户等外部组织产生承诺。比如汽车销售行业，一方面，销售人员与经销商之间存在劳动关系，要遵守企业内部制度；另一方面，销售人员在实际工作中，不论是服务理念，还是运营流程，都遵循制造商统一规定，甚至接受其直接的辅导和监管，从而在长期沟通和互动中产生了对制造商的承诺。McElroy 等（2001）使用术语“外部组织承诺”（External Organizational Commitment）描述“跨边界人员可能会对其他组织产生的承诺”。因此，制造商跨边界激励过程中必须重视中间商销售人员外部组织承诺的问题。中间商销售人员外部组织承诺前因以及结果变量，将成为渠道治理学者们未来研究的一个重要问题。同时，研究中间商销售人员对制造商的外部组织承诺问题，对制造商有效开展渠道治理也具有十分重要的实践价值。

虽然学术界对跨边界激励、组织承诺以及销售人员工作绩效的研究都在不断深化中，但是至今尚无探究制造商跨边界激励、中间商销售人员外部组织承诺以及工作绩效之间的深层次联系的研究。在之前的研究中，研究者主要分析了组织内部激励对组织承诺、组织承诺对工作绩效的影响，对外部组织的跨边界激励对销售人员的影响的研究还较少。尽管已有研究证明跨边界激励对中间商销售人员有影响(Siders 等，2001；Caldieraro 和 Coughlan，2007；郑鑫和叶明海，2014)，然而对于跨边界激励究竟怎样影响中间商销售人员的工作绩效，其内在机理和作用过程是怎样的，它们之间的本质关系是什么，仍旧缺乏充足的实证研究。事实上，个体所感受到的心理因素是其行为产生的重要原因。跨边界激励作为外部激励因素，通过影响激励对象的态度、情绪和认知影响他们的工作绩效。因此，制造商在关注如何选择激励治理策略的同时，还必须要考虑中间商销售人员对不同激励措施的心理体验。关系营销理论、渠道治理理论、社会交换理论、组织承诺理论的发展，为研究制造商跨边界激励、中间商销售人员外部组织承诺和工作绩效之间的关系提供了必要的理论背景。因此，本书以中间商销售人员外部组织承诺为中介变量，深入探讨跨边界激励对销售人员绩效产生影响的作用机制。

1.2 研究意义

1.2.1 理论意义

本书在一定程度上丰富了渠道治理、渠道激励、组织承诺等理论体系和研究范畴，拓宽了分析视角，本书的理论意义主要体现在以下三个方面。

1. 从渠道治理视角研究跨边界激励对销售人员绩效的影响

随着企业营销渠道结构复杂性的增强，有效的渠道激励成为企业保持竞争优势和持续发展的关键要素。高效的渠道治理不仅仅依赖于渠道组织间的治理和监督，还依赖于渠道激励对渠道所有参与主体目标的一致性的提升。跨边界激励的中心问题在于引导中间商销售人员目标与渠道目标保持统一，将销售人员利益与渠道利益统一起来，使个人绩效与渠道整体绩效紧密联系。跨边界激励是渠道激励向中间商销售人员的延伸，其目的在于提升中间商销售人员的工作积极性，使他们追求个人的长期工作绩效，它通过对中间商销售人员的直接激励，促使他们认同并自觉主动地实现制造商的渠道目标。因此，本书研究跨企业边界激励如何影响中间商销售人员个体行为，将有助于深化渠道治理理论。

2. 研究了制造商跨企业边界激励对中间商销售人员外部组织承诺的影响

对外部组织承诺问题的研究最早能追溯到对员工对工会的承诺问题的研究（Fullagar 和 Barling，1989；Gordon 等，1980）。在许多商业环境中，组织边界延伸到另一个特定的组织是司空见惯的事情，尤其是当边界人员代表企业与客户发生频繁沟通与互动的时候。从社会交换理论视角来看，员工对外部组织的感受程度构成员工对合作关系的基本评价标准，当员工接受到来自外部组织的支持和激励时，就会对外部组织产生相应的情绪反应。员工应对外部激励的行为是情绪反应的结果。外部组织承诺是员工对外部激励的认知反应，有助于他们增进对外部组织价值观和目标的认同，提高工作参与度，从而改善自身绩效行为。然而，对边界人员产生外部组织承诺的前因变量和结果变量的研究还比较少。因此，本书在一定程度上丰富了外部组织承诺的理论研究。

3. 以外部组织承诺为中介变量，研究了跨边界激励对销售人员绩效的影响机制

大量研究证实，组织激励对员工的工作绩效有显著影响，但是对于该影响通过何种因素实现、作用机理如何，学术界尚未达成共识。郑鑫和叶明海(2014)将跨边界激励与销售人员人力资本的发展相结合，从跨企业边界的视角建立起激励与销售人员绩效之间作用机制的四阶模型。而本书以外部组织承诺为中介变量，依据社会交换理论和社会认知理论，力图探索关系营销背景下制造商跨边界激励对中间商销售人员绩效的作用机理。以跨边界激励对销售人员绩效的影响为纲，引入“外部组织承诺”这一中介变量，试图解释制造商对中间商销售人员行为的潜在影响，验证外部组织承诺在制造商对中间商销售人员工作绩效影响中的中介作用，从而深化对销售人员绩效形成机制的探究，为提高制造商渠道激励投入结果的确定性及相关实践提供理论依据。

1.2.2 现实意义

1. 力图从跨边界激励视角解释渠道治理实践中的困境

营销实践中制造商的渠道治理常陷入这样的困境：制造商给予渠道成员(包括中间商销售人员)的奖励完全由中间商进行分配。而在实际的分配中，存在中间商克扣销售人员奖励的现象，导致销售人员工作积极性降低，离职率升高。因此，制造商通过对中间商销售人员的直接激励，能够有效提高中间商销售人员的工作积极性，最终提升工作绩效。激励是否产生作用取决于激励机制设计的合理性和针对性。相较于企业内部激励机制，在营销渠道中制造商对中间商销售人员的激励机制的设计却存在较大的困难——跨企业边界激励没有起到激励销售人员的作用，反而发生严重的扭曲，或者涉及干预中间商组织内部管理，引起渠道冲突。因此，降低优秀销售人员的离职率，提高他们的工作积极性和工作绩效，同时缓解渠道冲突，提升渠道治理效率，对跨企业边界渠道激励而言至关重要。本书从跨边界激励视角来系统全面地剖析这一渠道治理困境。

2. 为跨边界合作背景下的渠道治理实践提供指导

21世纪的渠道治理应是以渠道长期伙伴关系治理为中心的关系型治理模式，除了处理制造商与中间商之间的关系，处理制造商与中间商渠道人员的关系

也是实现渠道关系型治理的核心内容。从国内外营销渠道治理的实际情况来看，制造商在渠道治理过程中越来越重视对一线销售人员的直接管控，因此学界迫切需要开展跨企业边界激励方面的研究。本书的实践应用价值主要体现在：能够指导制造商渠道治理实践，为制造商加强渠道治理和管控，提高中间商一线销售人员的外部组织承诺提供理论指导；为解决中间商销售人员流失严重、顾客满意度较低、工作积极性不高的问题提供新的方法和途径；为企业提升一线销售人员销售绩效提供一个新的视角；为制造商渠道治理管理水平的提升提供实践指南。

1.3 研究内容

本书主要探讨制造商跨边界激励对中间商销售人员工作绩效的影响机制。研究内容共分为 6 章，结构安排如图 1-1 所示，各章节的主要内容如下。

第 1 章是绪论。从理论背景和实践背景两个角度提出本书的研究问题，从理论意义和现实意义两个视角阐述本书的研究意义，进一步明确本书的研究目的、研究内容、研究方法以及研究技术路线等。并且，围绕研究中所涉及的跨边界激励、组织承诺、外部组织承诺、工作绩效等核心变量进行综述，回顾相关概念内涵、研究进展、结构维度、测量方法，进一步梳理出研究脉络，明确研究方向。

第 2 章是概念界定与基础理论。该章首先明确界定研究中将要涉及的核心概念，包括跨边界激励、外部组织承诺、工作绩效等概念。其次，对研究涉及的基础性理论进行重点回顾，包括关系营销理论、资源基础理论、社会交换理论以及社会认知理论等。

第 3 章是模型建构与研究假设。该章在相关理论研究及文献综述的基础上，进一步剖析跨边界激励机制的内涵，通过分析比较关系营销研究模型和外部组织承诺研究模型，剖析跨边界激励、销售人员外部组织承诺对工作绩效的影响机制，并构建本书研究模型，据此建立变量间的关系，从而提出研究假设。

第 4 章是实证研究设计。借鉴国内外成熟研究量表，结合研究问题，设计量表并形成调研问卷；描述调研对象、调研问卷的发放和回收情况；并对样本进行统计分析。

第5章是数据分析与假设检验。通过对变量进行描述性统计以及信度和效度检验，对变量进行相关分析；并采用回归分析方法，对第3章提出的研究假设进行逐条检验。

第6章是结论与展望。总结前文研究结论；归纳理论贡献，对制造商跨边界激励治理机制的选择、设计和实施提出建议；梳理研究创新点，探讨研究的不足之处和未来的研究方向。

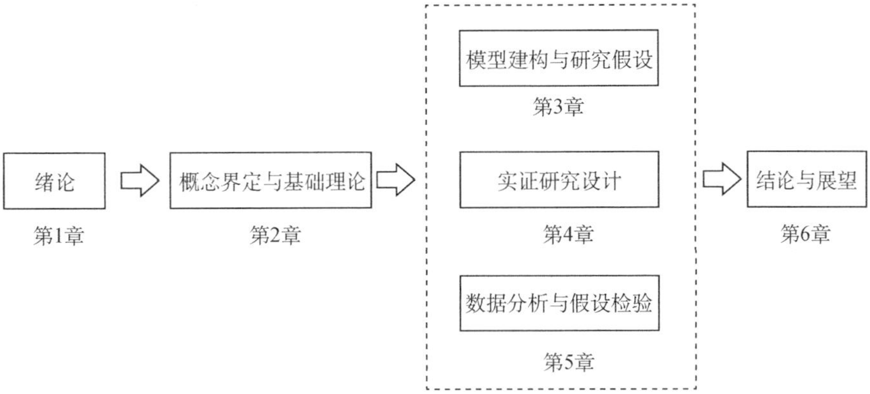

图1-1 本书结构安排

1.4 研究方法与技术路线

1.4.1 研究方法

1. 文献研究法

本书系统地梳理关系营销理论、资源基础理论和企业边界理论以及组织承诺理论等领域的重要文献，并对研究现状进行评述。在对国内外学者提出的经典关系营销研究模型和组织承诺研究模型进行比较分析的基础上，提出本书的研究模型。通过对相关变量的研究进展、测量方法和测量维度以及变量间关系的回顾，形成研究的基础理论依据，并构建研究框架，提出研究假设。而且通过大量文献查阅，对有关文章涉及的研究变量，引入国外同类研究成熟且被广泛应用的量表，形成本书的调查量表，从而保证研究结果的科学性和有效性。

2. 实证研究法

根据理论模型中提出的基本假设，按照科学的、严谨的标准设计测量量表、调研问卷和调研实施方法，以保证研究的信度和效度水平。通过预调研—修正—正式调研三步骤确保调查问卷设计科学合理。数据收集完毕后，采用 SPSS 20.0 软件对数据进行信度和效度检验，以此检验所收集数据的科学性，其后通过方差分析和相关分析对变量之间的关系进行初步检验，最后利用多元回归分析法对概念模型和研究假设进行计量统计与验证。

1.4.2 技术路线

本书借助文献整理、实证检验与定量分析等方法，构建了总体研究框架；在此基础上提出研究假设、选取调研样本、收集数据，对变量进行测量；再测定相关变量后，通过样本调查和数据收集，先后采用因子分析、相关分析、回归分析等统计分析方法，对研究模型进行实证检验；最后，对实证研究结果予以探讨和解释。本书技术路线见图 1-2。

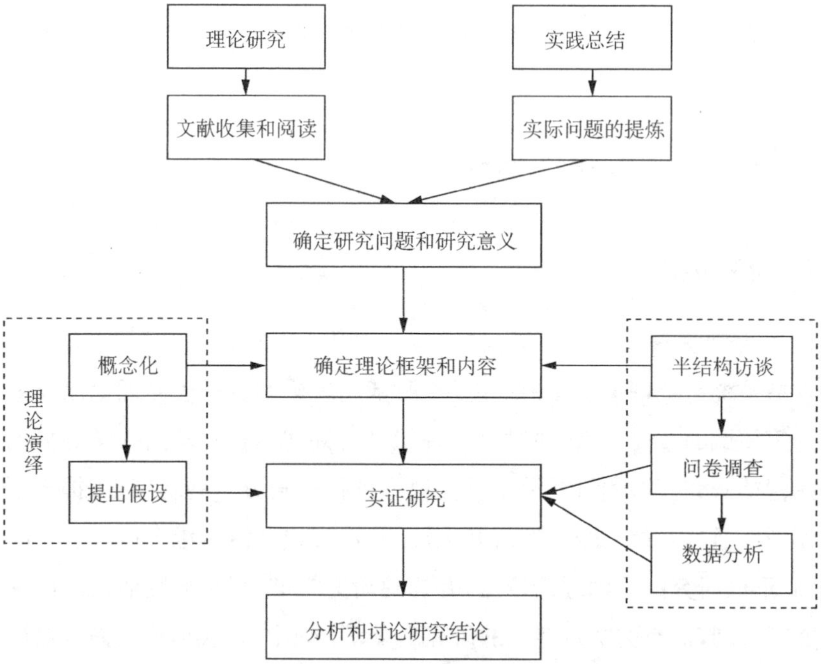

图 1-2 本书技术路线

1.5 文献综述

1.5.1 激励的相关研究综述

激励员工以充分调动组织成员的工作积极性是现代企业管理的重要职能之一。激励不仅影响人们技能和能力的获取,还影响人们的工作态度和工作认知。有效的组织激励有助于提高员工工作满意度,提高个体工作绩效以及促进知识共享和创新能力提升。

激励问题一直是企业管理、人力资源管理、组织行为学中的一个重要课题。早期的组织激励理论基本上都是从个体出发的,研究个体行为动机的内在规律,寻找有助于激励员工积极行为的影响因素。早期的激励理论大致可以分为三大类:内容型理论、过程型理论和行为改造激励理论。(1)内容型激励理论最早可以追溯到20世纪科学管理学家泰勒(F. W. Taylor)、吉尔布雷斯夫妇等,他们都曾提出采用不同的薪酬激励方式激发员工高绩效行为。该理论关注研究激发个体动机的诱因,代表学者和理论包括:马斯洛(Abraham H. Maslow)的需要层次理论、奥尔德弗(Clayton Alderfer)的ERG理论、麦克莱兰(D. C. McClelland)的成就动机理论、赫兹伯格(Frederick Herzberg)的双因素理论。(2)过程型激励理论主要研究个体从动机产生到采取行动的一系列心理过程,代表学者和理论包括:亚当斯(J. S. Adams)的公平理论、弗鲁姆(Victor H. Vroom)的期望理论、洛克(E. A. Locke)的目标设置理论。(3)行为改造激励理论主要关注环境对个体行为的关键作用,代表学者和理论包括:海德(F. Heider)的归因理论、斯金纳(B. F. Skinner)的强化理论、亚当斯的挫折理论。

1.5.1.1 现代激励理论

现代激励理论主要从心理学、管理学和组织行为学等视角展开研究,侧重对人们需求、目的和动机的分析,主要探讨行为产生的过程及其背后的驱动力,考虑如何激发员工的工作热情和工作积极性。在现代激励理论中,由于所持观点的不同,发展出了多种不同的激励理论。Ivancevich 和 Matteson 认为,现代激励理论包括三种类型，内容型激励理论、过程型激励理论和整合型激励理论。我国学者侯光明和李存金(2002)将现代管理理论分为内容型激励理论、过程型激励理论、行为改造型激励理论和综合型激励理论。下文将参照侯光明和李存金(2002)等学者的分类方法对激励理论进行梳理。

1. 内容型激励理论

内容型激励理论的关注点集中于研究需求。学者们分别从内在属性方面探讨驱动人的需要或动机，并从外在因素方面探讨人的特定行为方式的诱因。内容型激励理论包含马斯洛提出的需要层次理论、奥尔德弗提出的 ERG 理论、麦克莱兰提出的成就动机理论、赫兹伯格提出的双因素理论等。

(1) 马斯洛需要层次理论

需要层次理论最早由美国心理学家马斯洛提出。需要层次理论认为人类的需要包括五个层次:生理需要、安全需要、感情和归属需要、尊重需要和自我实现需要。马斯洛认为这些需要的满足呈现由低向高循序渐进的过程，只有低层次的需要获得合理满足之后，高层次的需要才会变得活跃。因此，组织要激励员工发挥最高的工作绩效，就必须了解并满足他们的这些需要。该理论认为有效激励不在于激励者向被激励者提供何种可能的激励物，而在于激励者向被激励者提供其所需要的激励。但之后的研究指出，马斯洛过于强调个人需求，忽视了社会环境对激励产生的影响;其次，人的需要不是某一种需要得到满足后就会消失的，也不一定存在一个从低到高递增的过程，不同的需要既存在重叠，又会相互影响。

(2) 赫兹伯格双因素理论

赫兹伯格通过对导致员工工作满意和不满意因素的分析研究，发现让员工感到工作满意或不满意的因素是不同的。他将导致工作满意和不满意的原因进一步划分为激励因素和保健因素。其中，保健因素是指与人们不满意情绪有关的因素，这些因素恶化会使人对工作不满意，但消除这些因素并不能使人满意，只能防止员工产生不满情绪。保健因素一般与工作关系、工作环境和条件相关，如薪金水平、办公条件、工作安全、管理质量等。激励因素是指与人们满意情绪相关的因素，往往与工作内容相关，如工作成就、赏识、认同与尊重、增加工作责任、成长与职业发展机会等。

(3) ERG 理论

ERG 理论由奥尔德弗于 1969 年提出，认为人的需要包含生存、关系和成长三种类型。ERG 理论对马斯洛需要层次理论进行了纠正，指出人的需要不存在从低到高的顺序。当一个人的某种需要得到满足后，该需要可能上升到更高层次，也可能不会上升。当一个人的某种需要得到满足后，其强烈程度不仅不会减弱，还可能会有所增强。此外，ERG 理论还提出一种“受挫—回归”的思想，即当一个人某一较高等级的需要受到挫折时，作为替代，其可能会降而求其次。

2. 过程型激励理论

过程型激励理论研究人从动机产生到采取行动的心理过程，代表学者和理论包括：亚当斯的公平理论、弗鲁姆的期望理论、洛克的目标设置理论。

(1) 亚当斯的公平理论

公平理论是研究薪酬分配的公平性、合理性对职工工作积极性的影响。员工对收入的满意程度能够影响其工作的积极性，而员工不仅关心自己努力所得的绝对报酬，同时也会将自己的绝对报酬与他人所得报酬进行社会比较。人们总会自觉或不自觉地将自己付出的劳动代价及所得到的报酬与他人进行比较或与自己进行历史比较。

(2) 弗鲁姆的期望理论

期望理论最早由心理学家弗鲁姆提出。人之所以采取某种行为并达成组织目标，是因为其觉得这种行为结果对他有足够的吸引力，并且行为结果和组织目标会帮助其达成自己的目标。弗鲁姆进一步提出了期望理论的公式：激励力＝期望值×效价。其中激励力表示激励的力量，指调动人的积极性，从而激发人内部潜力的强度。效价是指达到目标对于满足个体需要的价值。期望值则是指人们根据过去经验判读的自己达成某种目标的概率。要激励员工，需要让员工明确：工作能提供给他们所需要的东西，同时他们的需要与绩效紧密联系在一起，并且只要努力工作他们的绩效就能提高。

(3) 目标设定理论

目标设定理论由美国心理学家洛克于 20 世纪 60 年代提出，认为目标具有激励作用，特定的目标能促使人们的行为朝着一定的方向，并将行为与设定的目标进行对照，及时修正和调整，从而最终实现目标。目标设定理论还认为，目标的设定需要具体，必须能够准确观察和度量，并且固定实现目标的时间。此外，目标设定需要有一定的难度，但同时又要在能力所及的范围内。设定的目标需要被个人所接受，并内化为相关承诺与行为。

3. 行为改造型激励理论

行为改造型激励理论认为行为的后果才是影响行为的主要原因，代表学者和理论包括：海德的归因理论、斯金纳的强化理论、亚当斯的挫折理论。

(1) 强化理论

强化理论最早由美国心理学家斯金纳提出，认为人的行为是其所获刺激的函数，也就是说，人们的行为强度会受到结果的影响。因此，外部激励可以影响行为发生的频率，强化可以塑造行为。也就是说，员工努力行为受到某程度上的奖励，其努力行为的强度则会增加；但员工受到惩罚后，其努力行为强度减弱或终止。因此，管理者需要采取各种强化措施，规范员工的行为与组织的目标相一致。根据强化的性质，强化方式可分为正强化和负强化两大类。当在环境中增加某种刺激，有机体反应概率增加，这种刺激就是正强化。正强化是指某种具有吸引力的正向结果，使组织期望的员工行为重复出现，正强化方法包括奖励、认可、晋升等；负强化是指通过减少或取消厌恶刺激来增加某行为在以后发生的概率，负强化方法包括撤销批评、恢复被降的职位等。

(2) 归因理论

归因是指对人们对他人或自己的行为结果进行分析，推论其原因的过程。归因理论的概念最早由美国心理学家海德在其著作《人际关系心理学》中提出，认为一般人在解释别人的行为时，倾向于性格归因；在解释自己的行为时，倾向于情景归因。之后美国心理学家凯利(Harold H. Kelley)在海德研究的基础上提出了三度归因理论，认为人们将个人的行为归结为三方面因素：知觉者本人的特点、知觉对象的特点和所处情境。三度归因理论指出，观察者行为具有高度一致性、高度统一性和高度特殊性时，会认为行为主要源于外部原因；观察者行为具有低度一致性、低度统一性和低度特殊性时，会认为行为主要源于内部原因。

4. 综合型激励理论

综合型激励理论是对上述各种激励理论观点的一种整合，试图更加完整地、系统地、全面地呈现激励的全过程，以克服单个理论的片面性，以波特

(C. W. Porter)和劳勒(E. E. Lawler)的综合激励模型为代表。波特和劳勒的综合激励模型(图1-3)认为:组织的激励制度以员工的期望为出发点,激励系统必须与绩效相关联,设计报酬时必须考虑员工的需要。激励系统只有满足与个人目标相一致的需要,才能取得高度的激励效果。个人是否努力及努力程度除受奖励价值影响外,还受能力、属性与角色知觉的影响。此外,个人对激励的满意度取决于被激励者的公平性感受,并且个人满意度将会影响其以后的努力程度。

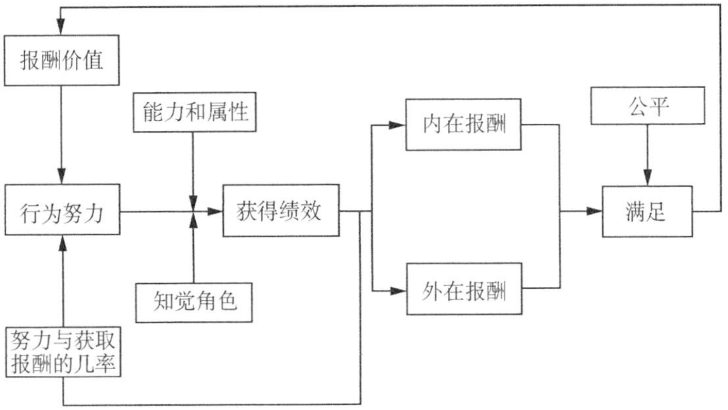

图1-3 波特和劳勒综合激励模型

1.5.1.2 激励的维度划分与测量

在不同的环境下,为实现组织目标,管理者会设计多样化的激励措施,以满足组织成员不同的内、外需求,促使其产生组织期望的行为。因此,从不同的视角出发,可将激励划分成不同的类别,主要包括以下四种观点:(1)根据激励的双因素理论,将激励划分为保健因素和激励因素;(2)根据激励的来源,将激励划分为内在激励和外在激励;(3)根据激励的内容,将激励划分为物质激励和非物质激励;(4)根据激励的属性,将激励划分为正激励和负激励。

1. 激励因素和保健因素

激励因素和保健因素源于赫兹伯格提出的保健—激励理论。他通过研究发现导致企业员工工作满意和不满意的因素是不同的。其中,保健因素是指与人们不满意情绪有关的因素,这些因素恶化会使员工产生对工作的不满意情绪,但消除这些因素并不能使人满意，只能防止员工产生不满情绪。保健因素一般与工作关系、工作环境和条件相关，如管理措施、薪金水平、办公条件、工作安全、福利等。激励因素是指与人们满意情绪相关的因素，能满足个人自我实现的需要，往往与工作内容相关，如工作成就、赏识、认同与尊重、增加工作责任、成长与职业发展机会等。

2. 内生激励和外生激励

Deci(1976)将激励划分成外生激励和内生激励。外生激励主要是指提供给员工的、满足其需求的激励要素，包括物质激励和非物质激励两种。其中，物质激励包括工资、奖金、福利、股权等；非物质激励包括尊重、认同、晋升和人际关系等。Tyagi(1990)将对销售人员的外在激励分为金钱奖励、任务分配、主管行为、晋升和认同五种类型。Cameron 和 Pierce(1994)对外部激励因素进行了细分：①根据激励的形式，可以分为实物奖励和口头奖励；②根据激励的性质，可以分为任务性权变奖励、任务性非权变奖励和绩效权变奖励；③根据奖励的时间性，可以分为预期奖励和非预期奖励。

内生激励是指激发员工个人的成就感，强调个体行动不是为了结果而更加关注过程，行动给予个体的深层次的满足感，来源于与工作内容相关的激励要素，如工作成就感、个人职业发展、工作愉悦感和工作挑战性等。Ryan 和 Deci(2002)指出，当个体开展某种行为并非源于外部物质激励，而是发自行为者本身意愿时，个体就受到内生激励。内生激励反映了人性渴望挑战、勤奋好学、积极拓展创新、主动开发自我能力等方面的意愿。虽然没有外部的奖励，但由于内生激励的作用，个体会主动设置具有挑战的目标；当这些目标完成后，个体会体验到自我实现的满足感。

Amabile(1993)开发了相关研究量表用来评估个体在外在激励和内在激励方面的差异，通过大学生样本和企业员工样本的测试，验证了外在激励与物质激励物，与评估、认同以及他人的约束等要素密切相关；内在激励与自我决定、工作参与、胜任力、好奇心和兴趣等要素相关。

3. 物质激励与非物质激励

根据激励的内容，学者们对激励进行了不同的划分。Urbanski(1986)将激励划分为实物激励(如金钱、奖品、旅行等)和非实物激励(如晋升、表扬、认同等)。Abratt 和 Smythe(1989)将激励划分为货币性激励(如金钱、奖金、分红等)和非货币性激励(如奖品、晋升、旅游等)。Greenberg 和 Liebman(1990)根据激励的内容将激励分为物质激励(如薪资、奖品及补贴等)、社会激励(如认同、尊重、承认等)和活动激励(如具有挑战性的任务、创新性研究等)三类。李垣和刘益(1999)根据激励的诱因载体,将组织激励划分为有形物质财物、成文规章制度和无形情感信息三类。俞文钊(1989, 2006)将激励分为物质激励和精神激励两种模式,并提出了同步激励理论,指出物质激励与精神激励需要同步实施。孙国学(2010)通过对企业知识型员工的研究,认为只有针对精神需要,才能最大限度地激发员工内在潜能,而这些精神需要包括追求工作目标的挑战性、知识发展需求的长期性、工作过程的自主性、工作选择的流动性等。董克用(2013)也认为对员工的激励主要包括物质激励和精神激励两个方面,进一步指出对于企业人才需要重点给予精神激励,包括使命激励、压力激励、机会激励、荣誉激励和沟通激励。

4. 正面激励与负面激励

正面激励和负面激励分别对应着企业在管理过程中的奖励和惩罚(Arvey 等, 1980),使用奖励和惩罚对于引导企业员工的行为具有重要的影响作用。正面激励是指组织运用正向的奖励手段来激发员工作出组织所期望的行为(Podsakoff 等, 1984);负面激励是指运用负向的惩罚手段来减少甚至消除员工作出不利于组织的行为(毕雪阳, 2010)。

根据强化理论,对员工行为实施恰当强化将对员工行为产生直接的影响。相关研究发现,对员工工作表现给予适当的正强化物会提高员工绩效,而实施负强化是指通过减少或取消厌恶刺激来增加行为在以后发生的概率。大量实证研究支持正向强化物,如金钱等物质奖励在不同情境下对不同激励对象都是有效的。而惩罚通过厌恶刺激的呈现来降低行为在将来发生的概率,从而影响个体行为发生的频率,是“企图用令人不愉快的手段来迫使某人改变行为”(Kazdin, 1980)。但由于惩罚通过使用不愉快的手段来迫使个体改变行为,可能导致个体产生负面情绪,并不能消除个体的不当行为,甚至导致报复行为,因此,组织行为学家并不看好惩罚的相关研究。

综上所述,虽然不同学者在不同的时间对激励的定义和分类展开了研究,但不同分类标准之间存在一定的交叠。通过回顾发现，多数研究主要根据激励内容进行维度划分。Abrantt 等(1989)将销售人员激励分为货币激励和非货币激励两类，其中货币激励包括奖金、佣金、返利等；非货币激励包括礼物、销售竞赛、旅游等奖励。Jin 等(2004)对影响我国台湾高科技企业研发人员工作绩效的激励因素进行了研究，发现物质激励对研发人员的激励效果最显著。秦吉波等(2003)基于提高高新技术企业研发绩效，提出了一个综合性的激励机制模型，认为激励框架包括兴趣激励、报酬激励、信任与位置激励、工作环境激励以及产权激励。薄湘平和周琴(2004)基于研发人员特征，提出了一系列激励措施，包括薪酬激励、股权分享、机会激励、研发生涯路径、情感激励、环境激励和其他激励。吴海燕(2013)通过对科技企业研发人员的实证研究提出，要从工作任务、组织氛围以及社会环境、健康与家庭管理三个方面入手制定相关的激励策略。鉴于本书重点关注制造企业对中间商销售人员实施的跨企业边界激励，通过文献梳理，本书将制造商跨企业边界激励要素划分为物质激励和非物质激励两个大类(利襲，2015)。

1.5.1.3 激励的结果变量研究

1. 激励效果研究

Miller(1979)通过实证分析发现，表扬激励的效果最好，奖品奖励与团体绩效奖励的激励效果最差。翟洪昌等(2004)以医护人员为实证研究对象，研究了性别、年龄、职务以及文化程度对具体激励内容和激励措施效果的影响，发现女性对物质奖励的要求高于男性，男性更关注与工作有关的激励因素；年龄、职务低的职工，对各种激励都有强烈的愿望；文化程度越高的职工，对责任、成就及人际关系的要求越高。Frank Fu 等(2009)认为目标设定对销售人员销售产品有影响。当目标销售额增加到某个水准之后，销售员必须付出更大的努力才有办法达成销售目标。此外，付出的努力随着销售目标的增加而减少。

2. 激励与工作绩效关系研究

一些学者认为外部激励有利于个体从事组织所期望的行为，因此，组织应该利用外部激励来引导员工的行为与组织的目标相统一。一些研究发现物质奖励会导致个体和组织绩效的增长，因此组织应采用绩效工资激励员工做出更多的工作努力和绩效产出(Hamner，1974；Porter 和 Lawler，1968)。Bartol 和 Locke (2000)认为，个体为了获得有吸引力的物质报酬会投入组织期望的行为，促进组织目标的实现。同时他们认为物质奖励具有暗示效应，个体工作能力越强，可能获得的物质奖励越多，因此物质奖励会间接促进个体工作效能的自我提升。Van Knippenberg(2000)运用社会认同理论和自我分类理论分析了工作激励与工作绩效的关系：当员工达到显著的社会识别程度以及感觉到群体或组织的高工作绩效程度时，社会身份与工作激励、任务绩效及周边绩效均呈现显著的正相关关系。Rouzies 等(2009)通过对 B2B 企业销售人员的调研，认为对销售经理而言，提供工作调整以及增加薪资，有助于提高销售绩效。

1.5.2 组织承诺的相关研究综述

1.5.2.1 组织承诺的内涵

20 世纪 60 年代，美国社会学家 Becker(1960)最早提出了组织承诺的概念。组织承诺是指员工由于对组织单方投入(side-bet)持续增加，而不得不继续留在该组织的一种心理现象。

随后组织承诺引起学术界的广泛关注和研究。进入 20 世纪 70 年代，一些学者对 Becker 提出的组织承诺的单边投入观点产生了质疑。美国组织行为学家 Buchanan(1974)在 Becker 研究的基础上拓展了组织承诺的概念，认为组织承诺包括三个层面的内容：(1)员工对组织的认同，指的是员工对组织价值和发展目标的认同；(2)员工对工作的投入，指的是员工参与工作角色中的心理状态；(3)员工对组织的忠诚，体现在员工对组织的感情联系。Salandk(1977)从员工行为视角出发，认为组织承诺是指个体因自己过去的行为，而产生的能够支持其自愿地为组织投入的信念。Mowday(1979)认为组织承诺是员工对组织积极的心理倾向，反映了员工对组织的情感联系和对工作的参与程度。

到了 20 世纪 80 年代，一些学者拓展了组织承诺焦点(focus)问题的研究。Morrow(1983)的研究指出承诺的焦点和对象应该指向以下五种：(1)工作承诺；(2)特定工作岗位承诺；(3)工会承诺；(4)职业承诺；(5)组织承诺。Reichers(1985)通过对组织承诺研究文献的数据的研究，将组织承诺划分为三种类型：附属利益、归属和目标一致性。

20 世纪 90 年代前后，一些学者对承诺维度的研究越来越深入。O'Reilly 和 Chatman(1986)根据组织承诺产生的不同原因，将组织承诺分为两个维度：工具性组织承诺和情感性组织承诺。Allen 和 Meyer(1990，1991)基于前人的研究，提出组织承诺分为三个维度：情感承诺(affective commitment)、持续承诺(continuance commitment)和规范承诺(normative commitment)。(1)情感承诺是指组织成员参与组织社会交往的程度，是基于个体对组织目标和价值观认同基础上的，与组织情感上的联系；(2)持续承诺是指组织成员为了不失去多年投入而不得不继续留在该组织的一种承诺；(3)规范承诺是指组织成员由于长期受社会影响而形成的对组织应当承担责任和义务的态度。

此外，工会的发展、新型商业模式的产生以及非典型雇佣方式的兴起，使得一些学者发现员工可能同时对两个或以上群体产生承诺的现实情况，并激发了学者对双重承诺和多重承诺问题的研究，其核心观点是将承诺的焦点扩展到双元或多元目标或对象。比如，一些学者分别关注员工对公司和工会的双重承诺问题研究(Angle 和 Perry，1986)；员工对组织和职业的承诺冲突(Wallace，1993)；外派经理对子公司和母公司的承诺困境(Vora 和 Kostova，2010)；派遣员工对雇主企业与用工企业的承诺互动关系等(Liden 等，2003)。

1.5.2.2 组织承诺维度划分及测量

1. 组织承诺的维度研究

组织承诺的维度研究一直是学术界研究的热点问题。从最初的单一维度结构和简单直接的测量方式逐步演变到后来的多维度结构和测量方式，相关研究带来了组织承诺结构维度与测量的多样化(表 1-1)。

表 1-1 组织承诺的维度结构研究

维度结构	学者	维度划分
单一维度结构	Grusky(1966)	组织承诺
	Sheldon(1971)	组织承诺
	Buchanan(1974)	组织承诺
	Porteretal(1976)	组织承诺
二维度结构	Steven 等(1976)	规范性承诺；交换性承诺
	Staw 和 Salancik(1977)	态度性承诺；行为性承诺
	Allen 和 Meyer(1984)	持续承诺；情感承诺

（续表）

维度结构	学者	维度划分
三维度结构	Mowday 等(1979)	价值承诺;努力承诺;持续承诺
	Reyes(1990)	交换性承诺;社会性承诺;心理性承诺
	Meyer，Allen 和 Smith(1993)	情感承诺;持续承诺;规范承诺
五维度结构	凌文辁等(2000)	感情承诺;规范承诺;理想承诺;经济承诺;机会承诺

（1）单一维度结构

早期的研究认为组织承诺具有单一维度结构。不论是 Buchanan 等提出的组织承诺态度观点，还是 Backer 提出的组织承诺的行为观点，都认为组织承诺是单一结构的。而对于组织承诺的测量既有定量的研究方法，也有定性的研究方法。定量的测量方法主要通过设计若干题项对员工进行测量；定性的方法主要通过访谈和观察来测量被调研对象的组织承诺情况。比如，Grusky(1966)从组织任期、对组织的认同、对管理者的态度以及对组织的态度四个方面，设计了4 个题项用于测量组织承诺。Buchanan 等从情感依赖视角出发，设计了用于测量员工组织承诺的问卷，并获得了相关实证研究的支持。在定性研究方面，Wiener(1977)等认为员工的组织承诺是个人对组织的一种责任感，并受到家庭教育、学校教育以及社会规范的影响。他们采用定性的研究方法，首先让员工每天记录与工作相关的活动，然后对员工进行访谈，对他们的回答加以编码，并根据解码的结果来测量员工的组织承诺。无论使用的是定量的还是定性的方法，这些研究开辟了组织承诺相关研究的先河，为后来组织承诺的研究奠定了基础，但是由于缺乏信度和效度检验，其研究结果很少为后面的学者采用。

（2）二维度结构

Staw 和 Salancik(1977)提出组织承诺包括行为承诺和态度承诺。行为承诺关注员工对组织承诺的特定行为；而态度承诺是指员工对组织承诺的态度表现。Meyer 和 Allen(1984)在先前学者研究的基础上，认为组织承诺包括两个维度：持续承诺和情感承诺。持续承诺(continuance commitment)指员工为了不失去多年来自己对组织投入所换来的福利和地位，而不得不继续留在该组织内的一种承诺；情感承诺(affective commitment)指员工卷入组织、参与组织社会交往的程度。情感承诺是一种积极的感情，常常表现为对组织价值观的认同、作为组织员工的自豪感以及对组织的依赖等。

(3) 三维度结构

Allen 和 Meyer(1990，1991)扩充了组织承诺的二维结构，把组织承诺归纳为三个维度：情感承诺、持续承诺和规范承诺。其中，规范承诺(normative commitment)是指由于受长期社会影响形成的社会责任而留在组织内的承诺，是员工对组织的一种义务感。Mowday(1979)等也认为组织承诺包含三个维度：价值承诺、努力承诺和持续承诺。价值承诺是指个体对组织目标和组织价值观的认同和接受程度，努力承诺是指个体承诺愿意为组织而付出个人努力，持续承诺是指个体具有强烈的意愿希望成为组织的一员。

2. 组织承诺的测量

由于不同学者对组织承诺的界定和组织承诺结构维度的划分不同，测量组织承诺的方法也有差异。目前，对组织承诺的测量主要使用以下三种量表。

(1) Morwday 等(1979)组织承诺量表。Porter 等(1974)将组织承诺划分为 3 个维度，包括价值承诺、努力承诺和离职承诺，并开发出一套组织承诺问卷。该问卷包括 15 个题项，采用 Likert 七级量表。该问卷强调组织成员对组织的情感投入，可以反映组织成员对组织的忠诚和对组织价值观和发展目标的接受程度，因此当时许多学者都采用了这个量表。

Mowday，Steers 和 Porter(1979)进一步发展了 Porter 等的观点，并将其中的离职承诺重新定义为持续承诺，从而将组织承诺划分为价值承诺、努力承诺和持续承诺三个维度。Mowday 等的组织承诺量表得到了较广泛的认可，很多研究者都采用了该问卷进行研究(如 Hackett 等，2001；Leong 等，2003；Bogler 和 Somech，2004)。该量表在国内也得到了广泛的使用，如刘淑如(2002)、黄春生(2004)、闫燕(2012)等学者在各自的研究中使用了该量表，相关的实证研究也都得到了很好的信度和效度检验。

(2) Meyer 等(1997)组织承诺量表。Meyer，Allen 和 Smith(1993)开发的组织承诺量表，包括情感承诺、持续承诺和规范承诺三个部分。Meyer 和 Allen (1996)又对量表进行了修订，修订后每个维度都包括 6 个题项。Meyer 和 Allen

所研究的OCQ量表也得到了许多学者的认可,多项研究(Chen和Francesco,2003;Cheng和Stockdale,2003)也证实该量表具有较好的信度和效度。该量表在国内也受到了学者的认可。比如,张勉等(2002)以西安15家企业的742名员工为样本进行实证研究,得到较好的信度和效度检验。姚唐等(2008)以饭店服务人员为研究样本,实证研究表明该量表具有较好的信度和效度。林佑贞(2010)同样以饭店服务人员为研究样本,问卷的检验结果说明组织承诺量表具有较好的内部一致性和稳定性。

(3)国内学者对组织承诺量表的研究。我国学者在组织承诺测量量表研究中,或者直接翻译国外现行的测量问卷,或者在对原有测量工具进行修订的基础上提出自己的组织承诺问卷。凌文辁等(2000)对Meyer和Allen组织承诺量表进行了修正,探讨了中国企业职工组织承诺的心理结构,提出了五因素模型,即感情承诺、规范承诺、理想承诺、经济承诺和机会承诺,并在此基础上编制了中国员工组织承诺问卷。并通过多次实证研究对问卷进行了修订,从而确保了该问卷具有较高的信度和效度。

通过回顾组织承诺结构维度和测量的文献,结合研究的对象和主题,本研究采用Mowday等(1979)开发的组织承诺量表对外部组织承诺进行划分。根据个体留在某个组织工作的动机以及该动机所引发的结果对组织目标和利益的影响,把组织承诺分为价值承诺、努力承诺和持续承诺。

1.5.2.3 组织承诺的前因和结果变量研究

1. 组织承诺的前因变量

通过对相关文献的梳理和研读,对组织承诺前因变量的研究主要从三个层面展开,包括组织因素、工作因素和个体因素。

(1)组织因素包括组织价值观、组织目标、组织文化、组织激励等。Eisenberger(1986)指出不能忽视组织对员工组织承诺的影响,并指出当员工感知到组织的认同、支持和信任时,员工就会用高承诺、高工作绩效的形式回报。Finegan(2000)从员工价值观与组织价值观匹配视角,发现当员工价值观与组织价值观一致性程度较高时,员工的组织承诺会增强。Rhoades和Eisenberger(2002)通过元分析发现组织支持与员工的组织承诺存在正向相关关系。Stanley(2002)同样通过元分析方法证明组织支持和领导风格对员工组织承诺有显著影响。刘小平(2003)研究发现,组织文化与员工的情感承诺有正向相关关系。

(2) 工作因素包括工作挑战性、工作自主性、岗位明确性、工作稳定性等特征变量。Steers(1977)通过对医护人员和科技人员的研究发现工作特性,包括挑战性、回馈性和完整性对员工的组织承诺有显著影响。Staw(1978)将组织承诺分为态度性承诺和行为性承诺,并认为工作特性对员工态度性承诺有显著影响。Podsakoff 等(2000)证明工作自主性、角色冲突、工作模糊性、工作公平性等工作因素与员工的情感承诺有显著的相关关系。Mathieu 和 Zajac(1990)通过元分析,总结出工作自主性、工作挑战性、工作范围等与工作相关的因素对员工组织承诺存在正向影响。

(3) 个人因素对组织承诺的影响主要包括两大方面:一是意识个体特质,主要包括性别、年龄、教育程度和工作经历等;二是员工的心理感受,如满意度、组织信任、心理授权和安全感等因素。Johnson 和 Chang(2010)认为工作满意度、工作技能范围等工作因素对员工持续承诺有显著影响。相当多的研究证实了个人因素与组织承诺的关系(Goswami 等, 2007)。国外学者先前已证实年龄、性别以及工作年限与组织承诺存在不同程度的关联(Vandenberg, 1992)。Tabbodi(2009)的研究发现被调研者中,女性及年轻人比男性及年长者表现出更高的组织承诺。Mcinnis 等(2009)的研究认为,员工具有不同的心理契约特点,而不同的心理契约特点对组织承诺会产生不同的影响。

2. 组织承诺及其维度的主要结果变量

通过文献回顾和梳理发现,学者们在研究组织承诺的结果变量时,主要关注三方面问题:个体与组织的绩效、离职行为和组织公民行为。

(1) 个体工作绩效

在对员工组织承诺对工作绩效影响作用的研究上,学术界并没有达成一致的观点。一些学者通过实证研究证明员工的组织承诺对其工作绩效有显著的正向影响,也就是说员工的组织承诺越高,其工作绩效也较高;也有一些学者通过研究发现员工组织承诺与其工作绩效之间没有显著的相关性(Mathie 和 Zajac, 1990; Randall, 1999)。这种研究结论不一致的情况,除了受到不同的中介和调节变量的影响外,更主要的是因为组织承诺的研究维度对工作绩效产生的不同的影响。如果进一步细分组织承诺，则会清晰地了解不同维度对个体绩效的影响作用。员工的组织承诺对组织整体的绩效也会产生影响。Ranndall(1987)研究认为，员工的高组织承诺会带来组织人才队伍的稳定性，从而能够提高组织的竞争力。但如果员工的组织承诺基于持续承诺，那么员工的组织承诺对组织的绩效改善没有促进作用。刘小平(2003)通过对19家企业的600名员工的问卷调查，发现情感承诺对组织绩效的预测效果最好，而持续承诺只能预测极少数变量，情感承诺要比持续承诺与组织的整体绩效关系更密切。韩翼(2013)以全国1 066位雇员为样本进行实证研究，发现组织承诺对雇员工作绩效各个子维度的影响不一致，其中感情承诺对任务绩效、关系绩效、学习绩效和创新绩效的正向影响显著，持续承诺对创新绩效产生负向影响，规范承诺则对创新绩效没有影响。

(2) 离职相关行为

组织承诺表明员工愿意继续参与组织活动。而员工离职行为本身就与组织承诺的概念相反。大量的研究表明具有高组织承诺的员工往往倾向于继续留在组织内。Steers等(1977)同样证明组织承诺对员工留职意愿有强化作用。Meyer和Allen(1991)认为，组织承诺的维度不同对员工行为产生的影响也不同：在员工的离职倾向方面，情感承诺的作用最显著，而持续承诺的影响程度受另外一些变量的影响，如年龄等。Thatdier等(2002)以美国公共部门的IT雇员为调研样本，研究发现组织承诺与离职意向存在负相关关系。然而也有一些研究结果表明组织承诺与员工离职、留职行为之间并不存在显著的相关关系(Lin和Chang, 2010)，也就是说，员工继续留在组织并不是因为其具有很高的组织承诺。造成这种矛盾结论的原因可能是被研究对象所处文化存在差异。有学者认为文化差异对于员工离职或留职意愿倾向的影响是最为重要的。我国学者基于中国本土化文化情景，探索研究了员工组织承诺对其离职意向的影响作用。相关研究表明，员工组织承诺与离职意向存在负向影响关系(崔勋, 2003; 苏方国等, 2005)。刘小平和王重鸣(2002)从中西文化差异和留职/离职角度两个方面进行研究，认为在西方文化背景下，员工更多从经济和离职损失视角去考虑与组织的关系；而在中国传统文化背景下，员工更多从社会关系和留职收益视角去看待与组织的关系。

(3) 组织公民行为

组织公民行为(Organizational Citizenship Behaviors)是指有利于组织的目标和利益,但是在组织正式的薪酬制度中没有得到明确评价或直接奖励的行为。学者们通过相关研究发现,员工的组织承诺与其组织公民行为之间存在正相关关系。O'Malley(2000)通过实证研究指出,员工的组织承诺与其组织公民行为和组织绩效存在正相关关系。Pare 和 Tremblay(2007)通过对 IT 行业的员工实证研究发现,具有较高情感承诺的员工表现出更高的组织公民行为。我国学者柯丽菲等(2007)选择宾馆、银行、电信公司等服务性企业的 805 名员工作为样本,验证了组织承诺与组织公民行为之间存在正向相关关系。苏方国和赵曙明(2005)研究发现组织承诺与组织公民行为存在明显正相关关系,与离职倾向存在明显负相关关系。王颖和张生太(2008)通过对 489 名 IT 企业员工的实证研究,发现情感承诺、持续承诺和规范承诺对组织公民行为具有显著影响。

1.5.2.4 组织承诺与员工工作绩效关系研究

在组织承诺与工作绩效间关系的研究上,大部分学者认为组织承诺与工作绩效之间存在关系,但相关研究结论尚未统一(李金波等, 2006)。Randall(1999)、Mathieu 和 Zajac(1990)通过实证研究发现,组织承诺与工作绩效之间存在微弱的相关关系。而国内学者李金波等(2006)通过对 360 名企事业单位员工进行实证研究,发现员工的组织承诺对其工作投入具有显著的直接影响。而学界没有达成一致结论的主要原因在于不同调节变量对组织承诺与工作绩效之间关系的影响不同,如工资报酬、工作目标的清晰度、工作的可获得性等(胡卫鹏等, 2004)。比如,如果员工的薪酬直接与绩效挂钩,那么持续承诺与工作绩效之间可能产生更强的关联。同样,工作目标的清晰度越高,员工的情感承诺对其工作绩效的正向影响作用越强。因此,调节变量的不同,影响了组织承诺对工作绩效的影响作用。毫无疑问,员工的组织承诺对组织整体的绩效也会产生影响。Ranndall(1987)认为员工的组织承诺高将会保证组织人员队伍的稳定性,从而能够提高组织的竞争力。但实际上,如果个体基于持续承诺而留在本组织工作,那么对组织的绩效改善没有促进作用。刘小平(2003)通过对 19 家企业的 600 名员工的问卷调查,发现情感承诺对组织绩效的预测效果最好,而持续承诺只能预测极少数变量,情感承诺要比持续承诺与组织的整体绩效关系更密切。

1.5.2.5 外部组织承诺的研究

1. 组织承诺的对象

员工承诺的对象就是员工承诺的客体。早期的员工承诺研究对象主要为员工对所在组织的承诺。Morrow(1983)把员工承诺焦点分为五个方面,即工作价值承诺、职业承诺、工作投入承诺、组织承诺和工会承诺。Morrow(1993)基于之前的研究又将员工承诺的焦点调整为工作伦理承诺、职业承诺、工作投入承诺、情感承诺和持续承诺。Reichers(1985)从利益相关者视角出发,认为员工承诺对象包括同事、主管、下属、客户及其他组织的群体和个人。受 Morrow 和 Reichers 等研究的影响,许多学者都拓展了员工承诺对象问题的研究,认为除了对组织的承诺,还包括对主管、下属、客户、职业、工作、工会、供应商等的承诺。表 1-2 总结了部分学者关于员工不同承诺对象的研究。

表 1-2 员工承诺对象的部分研究总结

学者	承诺对象
Akhtar 和 Tan(1994)	组织
Allen 和 Meyer(1900, 1996)	组织
Alutto 等(1973)	组织
Angle 和 Perry(1986)	组织,工会
Beauvais 等(1991)	组织,工会
Dalton 和 Todor(1982)	组织,工会
Becker(1992)	组织,高级管理人员,主管,团队
Yoon 等(1994)	组织,团队
Bishop 和 Scott(2000)	组织,团队
Chen 等(2003)	组织,主管
Clugston 等(2000)	组织,主管,小组
Cohen(1993)	工会,职业,组织,工作伦理
Gregersen(1993)	组织,高级管理者,主管,同事,客户
Reichers(1985)	主管,同事,下属,客户
McElroy 等(2001)	组织,客户

（续表）

学者	承诺对象
Siders 等(2001)	组织，供应商
Grawe 等(2012)	组织，客户
Lievens(2008)	组织，供应商
Buciuniene 和 Skudiene(2009)	组织，客户

其中对于外部组织（客户、供应商等）的承诺的研究，更是具有非常重要的研究意义。一方面，在许多商业环境中，对多个组织目标的承诺是司空见惯的事情，尤其是作为组织代表的边界管理人员，在与其他组织成员的长期联系和互动中，需要发展与客户的承诺，比如广告代理、审计人员、银行和财务服务机构。边界人员离职，甚至可能造成组织间交易关系的结束（Seabright 等，1992）。另一方面，大量的研究表明，相较于组织之间，客户更可能与跨边界人员构建关系而不是与他所代表的企业。又比如在派遣关系中，员工会被外派到客户、供应商或其他用工单位的组织场所，在长期的工作中，外派员工会对用工单位产生心理联系，并对用工单位产生承诺，而不是对雇佣组织。

因此，对组织承诺对象的研究可以更加深刻地了解对于各种对象的承诺的演化，对拓展承诺对象研究具有重要理论价值。此外，对外部组织承诺的研究有助于理解来自外部组织的激励对员工行为的影响的内在机理。

2. 外部组织承诺

(1) 外部组织承诺的内涵

正如前文所述，对外部组织承诺的研究可以追溯到学者们对于承诺对象或焦点的研究，比如对工会的承诺的研究（Biles，1974；Gordon 等，1980；Fullagar 和 Barling，1989）、对职业的承诺的研究（Blau，1985；Aryee 和 Tan，1992；Snape 和 Redman，2003）、对供应商的承诺的研究（Siders 等，2001）和对客户的承诺的研究（Reichers，1985）。随着一些学者对承诺对象研究的拓展，对外部组织承诺的研究的触角也逐步延伸到跨国企业管理人员、企业外派人员的外部组织承诺的问题上。市场营销和管理的文献已经证明了外部组织承诺对组织间关系的影响。例如，关系型营销理论提出与客户建立一种长期稳定的关系

(Gronroos, 1990),通过与客户建立关系组带提升客户的参与度和产品忠诚度(Copulsky 和 Wolf, 1990)。之后的研究,从客户忠诚延伸到对组织间以及战略联盟企业间合作伙伴关系的研究(Dyer 和 Singh, 1998; Kin 和 Frazier, 1997)。对外部组织的承诺涉及个体对一个特定对象的承诺的想法,并跨过组织边界延伸到一个特定的组织。在许多商业环境中,对多组织目标进行承诺是司空见惯的事情,尤其是当作为组织代表的边界管理人员(如广告代理、会计师组织、银行和财务机构)与客户在一起的时候。刘玉敏和李广平(2016)认为,当外派员工感受到来自用工单位高水平的组织支持时,会不断强化自己归属于用工单位的身份概念,继而通过自我延续、自我强化、自我分辨来建立对用工单位的组织认同。

McElroy 等(2001)基于 Reichers(1985)和 Becker(1992)对组织承诺对象的定义,提出了外部组织承诺的概念。他们提出外部组织承诺是指一个员工对另一个组织的认同和参与。McElroy 等(2001)认为,外部组织承诺是指员工超出了雇佣组织的边界,对企业以外的其他组织的认同与参与,也可以认为是员工突破组织内部边界,对外部组织的忠诚和承诺。高程度的外部组织承诺代表员工对外部组织的使命和目标的接受。当承担跨边界角色的员工在心理上与外部组织产生联系时,外部组织和雇员所在组织的利益会增加。Siders 等(2001)的研究也发现如果中间商销售经理对外部客户表现出较高水平的承诺,则会增加产品销售范围和市场份额。

因此,本书侧重于个人层面向受雇组织之外的一个组织的承诺。McElroy 等(2001)认为那些对外部组织做出承诺的个体,将对外部组织做出超越使命的行为,同时增加他们的雇主与外部组织的商业机会。对这个命题的研究尚处于探索阶段,如果它是正确的,那么当个体对外部组织做出承诺时,将能为雇主与外部组织双方带来双赢的局面。鉴于销售人员工作的跨界属性,他们有可能与外部组织形成关联和情感(Singh, 1998)。情感会在一定程度指导销售经理依照外部组织的要求行事。因此,中间商销售人员对制造商的承诺与对雇佣企业的承诺是有区别的。中间商销售人员行为除了要考虑雇佣企业的目标外,还需要受到来自制造商和客户等方面因素的影响。基于 McElroy 等(2001)对外部组织承诺的研究,本研究将中间商销售人员的外部组织承诺定义为销售人员对外部组织的认同与参与。

(2) 外部组织承诺的形成理论模型研究

在 Morgan 与 Hunt 提出信任和承诺成为关系营销研究的重要中介变量后，国内外还有很多学者围绕承诺提出了一系列研究模型。例如，Wilson(1995)、David(1997)等都从关系营销视角证明了信任和承诺在渠道关系治理上的重要作用。尽管部分学者已经研究了关系营销在不同关系层面上的影响机制，比如，渠道成员间的承诺关系以及企业内部组织与员工的承诺关系，但忽略了渠道企业渠道人员（被治理组织的员工）对雇主企业（治理主体）的承诺关系。在这种承诺和信任的关系下，渠道成员间形成一种跨企业边界的嵌入式结构，企业间人际关系的互动产生(Nielson，1998)。

McElroy 等(2001)对外部组织承诺的前因变量和结果变量进行了研究，并且提出了一个初步研究模型来预测变量和组织承诺间的关系（图 1-4）。McElroy 等提出的外部组织承诺模型认为，员工对于外部组织的承诺将取决于受雇用组织的特征、外部组织的特征和个人特征。这些前因变量是否真正导致

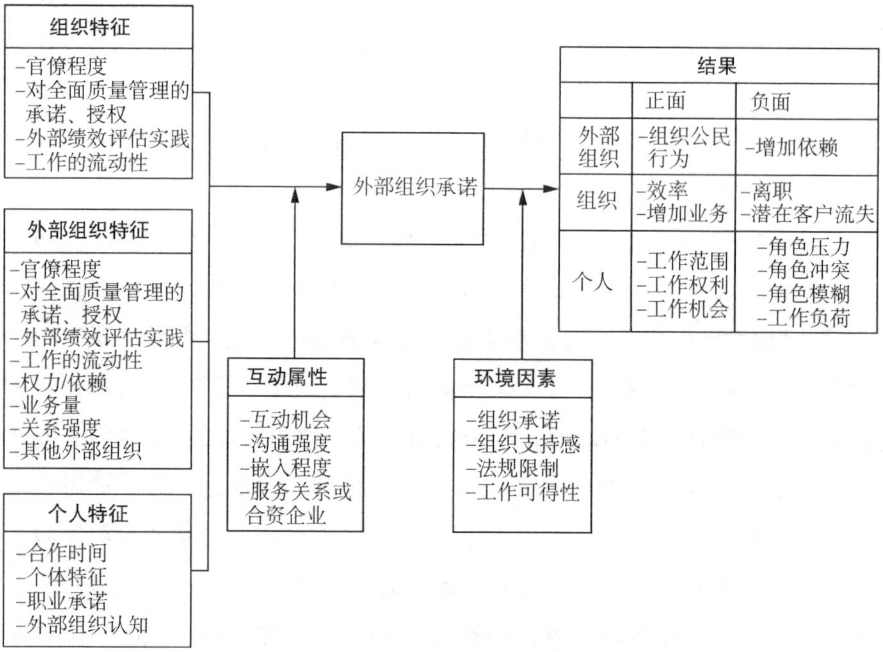

图 1-4　McElroy 外部组织承诺模型

员工对这个外部组织做出承诺，又受个人与外部组织沟通属性的调节。模型进一步详细介绍了潜在的结果和可能会影响这些后果的调节变量。McElroy 模型的目的并不是提出详尽的前因变量、结果变量和调节变量，而是为未来的研究提出一个总体框架。他们还强调研究对象是那些能与外部组织直接接触的边界人员。

社会交换理论认为，人际关系对企业间亲密关系的建立是十分重要的。公司间的亲密关系会影响组织和人际之间的信任、承诺（Cropanzano 和 Mitchell，2005）。在成功的"制造商—中间商"的关系中，人际交往也广泛存在着（Frazier 等，1988）。人际关系的作用不仅仅体现在利益视角的约束机制上，还体现在情感视角的激励机制上。Palmatier 等（2007）的研究也指出，在任何一种商业互动中，跨企业关系出现在人际之间、个人与组织之间及组织与组织之间。人际之间长期的互动和沟通，产生了情感的交流和关系的认同，进一步促进了人际关系所嵌套的组织间关系的承诺和信任，最终带来了组织间的长期合作。另一方面，企业边界的渗透与模糊也对组织间边界人员的关系产生深刻的影响。有研究发现，相较于组织之间关系，客户更加可能与跨边界人员而不是与他所在的组织构建关系，因此，在实践中经常发现这样的情况，边界人员离职导致企业间交易关系的结束（Seabright，Levinthal 和 Fichman，1992）。边界人员与外部组织的相互作用可能导致一个"嵌入"的过程，也就是个人发展对外部组织的情感的过程。因此，渠道成员的边界人员对与其他成员企业的承诺对渠道互动的影响效果就十分值得研究。

可以说，外部组织承诺程度是员工个人价值观与外部组织价值观的一致性程度，这种外部组织承诺程度源于员工对外部组织激励的综合认可和感受，受到制造商跨企业边界激励的刺激影响：一定的跨边界激励将增进员工对制造商的认可，使员工愿意投入努力，达成制造商期望的绩效目标，从而对其工作绩效产生影响。外部组织承诺是员工基于跨企业边界互动情境而形成的内生性动机，这种内在动机将会受到外部组织激励的影响，进而对销售人员的工作绩效产生促进或抑制作用。Grawe 等（2012）通过对 312 家物流服务提供商外派人员的实证研究发现，外派人员的外部组织承诺在外部组织支持和外派企业绩效之间起中介作用。

综上所述，学界对员工外部组织承诺问题的研究刚刚起步，仍有很大的研究空间和研究价值。第一,外部组织承诺是异质的和具体的。即使在同样的情境下,某一个体对不同外部组织的承诺也会具有很大的差异。因此,外部组织承诺是有差异的、具体的,而不是普遍性的感受(McElroy 等, 2001)。第二,当代社会员工可能会同时承担多种社会角色,因此,不能只把承诺局限在企业组织内部视角。有研究表明,相较于组织之间,客户更加可能与跨边界人员而不是他所在企业构建关系,因此,在实践中经常出现边界人员离职造成交易关系结束的情况(Seabright 等,1992)。第三,根据角色理论,个体的承诺可能会影响个人对承担角色行为的取舍与决策,也就是说,当个体扮演的各种角色发生冲突时,个体的多种承诺之间会相互影响和干扰。因此,在研究外部组织承诺的同时也需要考虑组织承诺与外部组织承诺之间的影响关系。而对外部组织承诺问题的研究更有助于拓展对影响员工工作满意度、工作绩效和离职倾向因素问题的研究。

1.5.3 工作绩效的相关研究综述

1.5.3.1 工作绩效的内涵

学者们根据工作绩效研究内容的不同,对工作绩效的界定有着不同的划分。按照组织的层次来划分,工作绩效可以分为组织绩效、团体绩效和个人绩效三个层次。其中,组织绩效和群体绩效是由个人绩效组成的,个人绩效是组织绩效和群体绩效的基本要素。而本书研究的工作绩效是基于个体层次的,即主要研究的是个体的工作绩效。

目前,学术界对个体工作绩效的界定还没达成一致,主要分歧在于工作绩效是行为还是结果,包括三种观点:工作绩效结果观、工作绩效行为观和工作绩效综合观。

(1) 绩效结果观认为工作绩效是指从事一定工作活动或行为而产出的结果。因此,认同该观点的学者将工作绩效视为“成绩”和“结果”(彭剑锋, 2003)。龙立荣等(2000)认为,工作绩效是个体在某段时间以一些工作行为实现的结果。但是这种以事后绩效判断结果为导向的观点会导致企业或个体只关注短期绩效和目标,而忽略了他们生存发展的长期目标。

(2) 工作绩效行为观认为绩效应该更加关注组织或个体的行为本身,而不是行为结果。工作绩效行为观主张两种观点:一种观点认为,评估个体工作绩效的行为需要判断该行为是否符合组织发展目标(Borman 和 Motowidlo，1997)。个体的行为并非都能直接产生工作绩效，只有那些与组织目标有紧密作用关系的、对组织目标产生直接影响的行为才会产生工作绩效。Rotundo 和 Sackett(2002)认为，工作绩效是指在个体控制下对组织具有贡献的行动或者行为。还有一种观点认为，不论个体行为与组织目标是否直接关联，都应该予以激励，比如组织公民行为、利他行为、自发性行为等。虽然这些行为并不包括在员工工作角色要求中，也不被组织正式的激励制度所确认，但这些行为无疑会促进组织的有效运行。

(3) 工作绩效综合观认为，对于工作绩效的评价，既需要考虑绩效行为方面，也需要考虑绩效的结果方面。Borman 和 Motowidlo(1997)指出绩效是行为和结果的结合体。绩效包括个体为实现组织目标的努力和贡献，也包括个体行为所共同构建的结果。因此，绩效综合观认为个体工作绩效是指在某段时间内，员工在工作过程中以某种方式所实现的与组织目标密切相关的行动结果或行为表现。

1.5.3.2 工作绩效的维度划分与测量

早期学者对于绩效的测量都是单一维度的，即把工作结果作为工作绩效考评的内容(表 1-3)。从 20 世纪 90 年代起，对工作绩效的研究开始向多维度视角拓展。Borman 和 Motowidle(1992,1993)在公民行为研究、亲社会组织行为研究的基础上，分别对 419 名、991 名空军技师进行研究，将工作绩效划分为两个维度:任务绩效和关联绩效。其中，任务绩效是指任务的完成情况，即工作说明书中所规定的工作要求，包括与工作内容、个体能力素质、工作熟练程度和工作知识等相关的绩效。关联绩效是指一种心理和社会关系的人际和意志行为，是一种有助于完成组织工作绩效的活动，包括组织公民行为、亲社会行为、自愿行为、组织奉献精神、与特定绩效无关的行为等。虽然关联绩效与组织的工作任务没有直接关系，却有助于组织工作目标的完成。1994 年，Motowidlo 和 Scotter 对 421 名航空技工的整体绩效、任务绩效和关联绩效进行评定，通过对任务绩效、关联绩效和整体绩效间的相关和逐步回归分析，发现任务绩效和关联绩效独立地对整体绩效起作用，从而证实了任务绩效和关联绩效的区分。

表 1-3　　工作绩效的维度划分

学者	维度
Borman 和 Motowidlo(1992,1993)	任务绩效、关联绩效
Borman 和 Van Scotter(1996)	任务绩效、关联绩效
Hesketh 和 Neal(1999)	任务绩效、关联绩效、适应性绩效
Rotundo 和 Sackett(2002)	任务绩效、非任务绩效
Coleman 和 Borman(2000)	任务责任绩效、人际绩效、组织公民绩效
London 和 Money(2004)	任务绩效、学习绩效
温志毅(2005)	任务绩效、适应绩效、人际绩效、努力绩效
韩翼,廖建桥等(2007)	任务绩效、关联绩效、学习绩效、创新绩效

Campell(1995)指出,在工作绩效考核中应考虑员工对环境和岗位变化的适应性。Hesketh 和 Neal(1999)在任务绩效和关联绩效基础上增加了适应性绩效。Van Scotter 和 Motowidlo(1996)认为工作绩效包括对工作的精通和有效完成工作的动机,将关联绩效分为人际促进和职务奉献,关联绩效包括人际技能、维持良好的工作关系和帮助他人完成作业的动机。之后一些学者进一步拓展了工作绩效的内涵,从知识、创新等视角提出了学习绩效、创新绩效等新维度。Janssen 和 VanYperen(2004)通过实证研究,提出工作绩效还应包括创新绩效维度。国内学者温志毅(2005)以企业中层管理人员为对象,提出工作绩效在结构上可以区分为四个因素:任务绩效、人际绩效、适应绩效和努力绩效。韩翼,廖建桥等(2007)通过对 1 453 份调查数据的因素分析显示,员工的工作绩效由任务绩效、关联绩效、学习绩效和创新绩效四个维度组成。随着企业内外部环境的变化,学习绩效和创新绩效更适合于预测未来的绩效。而任务绩效和关联绩效更多的是评估发生过的绩效行为。学者们对学习绩效和创新绩效的拓展研究,表明工作绩效不仅要考核员工当前的行为和结果,还要预测及评估他们适应未来的创新能力。

本书拟从任务绩效和关联绩效两个维度对工作绩效进行深入研究。因此,对任务绩效的测量选择引用目前使用较多的 Williams 和 Anderson(1991)开发的绩效量表;对关联绩效的测量选择目前引用较多的 Borman 和 Motowidlo

(1993)开发的关联绩效量表。

1.5.3.3 工作绩效的影响因素

国内外学者使用不同的研究方法对于影响工作绩效的因素进行研究。通过相关文献梳理和整合,将工作绩效的影响因素归纳为三种类型:个体因素、任务因素、环境因素。

(1) 个体因素。影响工作绩效的个体因素包括两个方面:先天因素和后天因素。其中,先天因素包括人格特质、性格、认知方式、风险偏好等。后天因素包括知识结构(蔡永红和林崇德,2003)、学习能力(Shields 和 Dearman,2001)、心理发展水平、认知能力(Motowidlo,2003)等。Jones 和 Vroom(1964)认为绩效是能力与激励这两个因素的函数,即绩效=f(能力,激励);其中能力又取决于个人的资质、知识与学习经历,而激励则取决于个人的期望及组织所给予的承诺。而 Korman(1977)认为影响个体工作绩效的因素包括以下三类:①工作动机。工作动机影响个体工作的态度以及表现出的行为,最终会影响工作绩效。②工作技能。个人是否掌握从事某些工作的具体技能,以及完成工作的技巧,也会对其工作效率和工作成果产生影响。③角色认知。个人能了解和感知自己在工作中的角色和作用。另外,工作绩效还受到人格特质的影响。如 Motowido 和 Scotte(1994)通过实证研究表明:与任务绩效相比,支配性、可靠性、适应等人格特质因素与关联绩效有着更显著的相关关系。Ian 和 Gellatly 等(2001)通过实证分析发现工作自主性在人格特质与工作绩效之间起调节作用,当工作自主性较高时,外向性人格特质与工作绩效呈现正相关关系;当工作自主性较低时,责任感和一致性与工作绩效呈现负相关关系。

(2) 任务因素。有学者通过研究认为有效的工作激励(薪酬、福利等)可以降低员工的离职率,提升其工作绩效(Werner 和 Ward,2004;Dulebohn 和 Weling,2007)。Greenberg(2004)也认为具有高激励性的薪酬制度,比如计件工资制度,更有助于员工提高工作努力,提升工作绩效。但对于不同报酬因素对员工工作绩效的影响效果,学者们的观点并不一致。张瑞君等(2013)通过对中国上市公司高管的研究,发现货币薪酬激励的增加能提升高管承担风险的水平,而风险承担水平的提高能促进公司绩效的提升。冯根福等(2012)通过实证研究发现,管理者持股比例和在职消费之间存在替代关系,管理者持股比例的增加能够抑制在职消费，从而提高公司绩效。此外，也有学者通过研究发现，货币性薪酬对绩效影响作用不显著(Medcof 和 Rumpel, 2007)。曾湘泉和周禹(2008)通过对薪酬激励与员工创新行为作用关系的研究，发现外在报酬与创新行为之间存在“倒 U”形的影响关系；而内在激励对创新行为具有显著的正向影响。

(3) 环境因素。环境因素观点认为影响员工工作绩效的主要因素是环境因素，包括组织文化、组织气氛、组织公平感、团队关系、主管支持、工作条件、工作授权等方面(Riggle 等, 2009; 仲理峰等, 2013)。此外，一些学者研究并关注了个人与环境的互动因素对工作绩效的影响。Caldwell 和 O'Reilly(1990)曾比较个人与职务间的匹配性，且有效地预测了工作绩效。储成祥等(2013)通过对不同省份通信企业的实证研究发现，个人与组织匹配对工作绩效有着显著正向作用，自我效能在个人与组织匹配对工作绩效的作用过程中起着中介作用。曲庆和高昂(2013)基于 468 个配对样本数据分析，运用多项式回归与效应面分析方法，研究发现对活力和市场价值观，个人—组织契合与员工任务绩效基本呈现正相关；对规范价值观，个人—组织契合和员工情感承诺与任务绩效关系不显著。Goodman 和 Svyantek(1999)的研究发现员工对组织文化的期望与员工对组织文化实际感受的配合程度，对工作绩效具有显著的影响。

跨边界激励是制造商直接作用于中间商销售人员的一种重要的渠道激励策略。目前，从不同视角对销售人员激励的维度划分和测量方式是极其不一致的。根据前期调研和文献梳理的基础，本书从激励的内容视角出发，将制造商跨边界激励划分为两个维度：物质激励与非物质激励。

对员工对外部组织承诺的研究开始于对工会承诺问题的研究，但外部组织承诺的概念最早由 McElroy 等于 2001 年提出。目前，学界对外部组织承诺的研究还比较少，之前的学者将外部组织承诺划分为单一维度，主要借鉴组织承诺量表进行测量。目前，对组织承诺进行测量主要采用 Meyer 等(1997)提出的组织承诺量表(包括情感承诺、持续承诺和规范承诺三个维度)或者 Morwday, Steers 和 Porter(1979)开发的组织承诺量表(包括价值承诺、努力承诺和持续承诺三个维度)。本书研究中间商销售人员对于制造商的承诺，从法律边界来看，中间商销售人员并不属于制造商的员工。因此，中间商销售人员对制造商的承诺主要集中在对制造商发展目标、价值观等方面的认同。从而，选择 Morwday

等(1979)开发的组织承诺量表,从价值承诺、努力承诺和持续承诺三个维度对中间商销售人员外部组织承诺进行研究。

在工作绩效的维度选择上,相关结构维度和测量的研究是比较成熟的,本研究拟将工作绩效划分为两个维度:任务绩效和关联绩效,并对工作绩效进行深入研究。

第 2 章 >>>

概念界定与基础理论

为了在后续研究中更好地分析制造商跨边界激励对中间商销售人员工作绩效的影响，本章首先对研究涉及的基本概念进行界定，并分析目前国内外有关渠道激励研究及应用的主要理论，从而为本书的核心内容提供背景式的研究框架。

2.1 概念界定

营销渠道是市场营销学研究的热门领域，研究者主要从渠道结构、渠道设计、渠道策略、渠道治理、渠道关系等角度对营销渠道问题进行研究。随着营销渠道相关问题研究的不断深入，研究者对渠道激励、渠道成员组织间关系等概念进行了深入的探讨，但受到不同研究视角的影响，相关概念界定也存在着明显差异。

2.1.1 跨边界激励

1. 企业边界

企业边界问题研究始于 1937 年罗纳德·科斯(Ronald H. Coase)著名的《企业的性质》(*The Nature of the Firm*)一文，科斯(1937)认为企业最优边界是当企业内部生产成本与外部交易成本相等时的均衡点。但直到 20 世纪 60 年代，企业边界问题才引起学者们的重视。

交易成本经济学理论延续了科斯的观点，认为企业的边界是由企业科层制管理成本与市场交易成本相比较而决定的。交易成本经济学认为企业边界在企业内部交易的边际成本等于市场交易的边际成本的那一点上。此外，另一些学者从企业能力出发，认为企业拥有的能力和知识是企业边界范围的决定性因素，进一步指出企业边界涵盖了与企业能力建立相关的整个过程。Argyres 和 Zenger(2012)综合了交易成本经济学和企业能力理论的相关观点,认为交易成本和企业能力形成的一个相互交织的动态方式共同决定了企业边界。此外,Holmstrom 和 Milgrom(1994)还从分工理论视角方面,提出了"企业边界反映了个体间的劳动分工"的观点。

我国学者也对企业边界相关概念进行了界定。曾楚宏和林丹明(2005)认为企业的边界具有规模边界和能力边界两重属性。规模边界由人力、土地、资本等有形资源决定;能力边界是企业边界的核心属性,由知识、专利、技术等无形资源决定;能力边界的变动决定了规模边界的变动方向。喻卫斌(2007)也认为企业的边界包括由有形资源决定的规模边界和由无形资源决定的能力边界。郑方(2010)将企业边界分为实体边界和虚拟边界。实体边界指企业拥有的物质边界,由土地、劳动、资本等实体资源所决定,具有稳定性、封闭性、清晰性等特点;虚拟边界指企业虚拟存在的边界,由技术、知识、能力等无形资源所决定,具有动态性、模糊性、开放性等特点。

上述学者对企业边界的界定,展现了新经济时代背景下,企业边界研究越来越关注边界多重属性的趋势。除了主流理论观点所关注的"规模边界"和"能力边界",企业边界还包括"法律边界""知识边界"等(董华, 2010)。本书认为企业边界包括法律边界和能力边界。企业的法律边界,类似于企业规模边界,是指法律对企业契约关系中权利与责任所规定的界限,或者说,企业的法律边界是法律对企业从事经济活动时的权利与责任范围的限定。能力边界是指企业整合和控制其内部与外部资源能力的大小,具有模糊性、动态性、开放性等特点。相对于企业法律边界的稳定性、清晰性和封闭性,在渠道成员长期互动过程中,成员间企业能力边界日益模糊,使得知识、技术、品牌等无形资源跨组织流动,也为渠道跨企业边界激励机制的形成创造了前提条件。可以说,跨边界激励实质上是在能力边界内的渠道内部开展的治理活动,而跨越的是渠道成员间的法律边界。

2. 激励

激励(motivation)一词源于拉丁文的 movere,是指"移动"或"推动"的意思。由于研究视角的不同,学界对于何种行为意味着激励并未达成共识。从先前的研究来看,研究者主要从经济学、管理学和心理学三个视角出发,各自提出了相关激励理论。经济学视角认为劳动分工和信息不对称导致了激励问题的出现，为了避免代理人出现道德风险问题和逆向选择问题，需要通过机制设计实现委托人资源配置的帕累托最优，代表理论有交易费用理论、委托代理理论、产权理论、“X-效率”理论等(程江，2012)。心理学视角认为激励是指持续激发人的行为动机的心理活动，也就是激发鼓励，调动人的积极性、主动性和创造性，代表理论有公平理论、期望理论、自我决定理论等。管理学视角认为激励是一系列奖励或处罚措施。这些措施旨在引导组织个体从事特定的行为，从而产生组织所需要实现的结果，代表理论有X/Y理论、目标激励理论等。

美国管理学家Berelson和Steiner(1965)认为，激励是人的一种心理状态。一切心理要获得的愿望、环境、动机等都构成了对人的激励。

哈罗德·孔茨(Harold Koontz，1993)认为激励是适用于各种动力、欲求、需要、希望以及其他类似力量的通用术语，是个体的一系列连锁反应：从感觉的需要出发，引起要追求的目标或欲望，这便使心理产生一种紧张的感受，然后引起行动去实现目标，最后欲望和要求得到满足。

Robbins(1997)认为激励是在满足个人某些需求的情况下，为达成组织目标而更加投入的意愿，但这种意愿受制于努力是否能满足个人的某种需要。

Anderson(1994)认为激励方式包括财务与非财务上的激励、内在激励与外在激励，目的是达成个人所欲追求的目标。

我国的一些学者也对激励问题进行了界定。周三多(2004)认为激励是针对个体行为动机而进行的工作，通过影响个体需要的实现，来引导他们的行为，并指出企业管理者应该从组织行为学和心理学视角出发，认识个体的组织贡献行为。苏东水(2006)认为激励是指激发个体的动机，调动人的内在积极性，使人向着所期望的目标前进的心理活动过程。

综上所述，激励是一个过程，是激励主体为实现自己的目标，通过设计适当的制度，调动被激励客体的积极性，使得激励主体与被激励客体目标一致，从而抑制偏离行为的管理过程。本书立足于营销渠道跨边界激励，重点关注制造商跨企业边界激励措施对中间商销售人员的影响。制造商企业对中间商销售人员实施的跨边界激励，主要包括奖金、礼物等物质激励以及学习、培训、表扬等非物质激励。

3. 渠道激励

渠道激励不同于企业内部激励，从交易成本理论视角来看，渠道激励是渠道核心企业对渠道成员的一种重要的治理机制。Carson 等（1999）认为当渠道组织目标不一致时需要激励进行协调。渠道核心企业在渠道治理中，一方面，要防范渠道成员的投机行为，防止它们滥用渠道声誉、单纯追求自身利益最大化从而损害渠道整体利益；另一方面，即使没有机会主义行为，也需要合理地分配收益以激励合作伙伴不断创新，提供质量更高的服务和产品。

关于渠道激励的定义，学者们各有不同的主张，表 2-1 整理了国内外学者对渠道激励的代表性定义。本书认为，渠道激励是制造商通过配置渠道职能和资源，实现渠道绩效目标，控制中间商行为，管理渠道冲突，提升渠道整体能力的行为。

表 2-1　　渠道激励的定义

学者及时间	定义
Meen（1990）	营销渠道激励就是制造商针对中间商的需求，持续提供一系列激励措施，不断地维护和增强双方关系，最终达成渠道成员的市场目标，其核心是充分调动渠道成员的积极性
Gilliland（2003）	渠道激励是指制造商与中间商制定的标准运营协议，用于激励中间商以支持制造商渠道计划
庄贵军（2012）	渠道激励是指渠道领袖为调动渠道成员合作的热情和积极性，从而提高整个渠道的效率而进行的激励

4. 跨边界激励

随着渠道激励理论的发展，对渠道激励对象的研究出现由组织视角向微观个体视角的转变。庄贵军（2012）认为渠道激励针对的是多层面的激励对象，既包括针对渠道企业的组织间激励，又包括针对渠道企业销售人员的跨边界激励。Caldieraro 和 Coughlan（2007）认为，跨边界激励就是制造商对中间商销售人员的直接奖励，通过给销售人员提供额外的提成，补偿销售人员额外的销售努力。这种渠道激励模式被广泛运用于开拓新市场或新产品销售。

综上所述，跨边界激励是一种渠道激励，是指在一些渠道关系/契约中，制造商对中间商销售人员进行直接激励的行为。因此，本书赞同郑鑫和叶明海

(2014)对跨边界激励给出的定义，即跨边界激励是指“存在契约关系的两个企业，其中一个企业突破契约边界，对另一个企业有契约关系的人员进行激励的行为”。

2.1.2 销售人员工作绩效

学者们对绩效概念的界定，主要从组织绩效、团队绩效和个人绩效三个不同的层次展开。本书中销售人员的工作绩效指的是，从个体层次出发的个体工作绩效。时至今日，学术界对个体工作绩效这一概念的认识仍然存在分歧，目前对绩效的界定主要有三种观点(表 2-2)：(1)绩效的结果理论观，认为绩效是个体产生的可以判别和测量的结果；(2)绩效的行为理论观，认为工作绩效是组织中个体所做的、与组织目标密切相关的能够被观测和评估的一组行为；(3)绩效的结果行为综合观，认为工作绩效是“结果”与“行为”的统一体，包括个体为完成组织目标所付出的努力和组织所期望的结果。

表 2-2　　工作绩效的定义

观点	学者及时间	定义
结果理论观	Schemerhorn (1999)	工作绩效是指工作中的个人或团体所表现出的任务完成的质与量
	Tuten(2004)	工作绩效指员工个体的生产水平
行为理论观	Churchill 等 (1985)	绩效是个人对组织目标有贡献的所有活动行为
	Murphy(1990)	绩效是与个人工作所在的组织或组织单元的目标有关的一组行为
	Campbell(1993)	工作绩效是个人作为一个组织成员，完成组织所期望、规定、或正式化的角色需求时所表现的行为
综合观	Brumbrach (1988)	工作绩效是行为也是结果，行为本身也是结果
	Borman 和 Motowidlo (1997)	将工作绩效的定义为：工作绩效是多维度的、可被评估的、间断的与组织目标相关的行为综合体
	杨杰等(2000)	工作绩效是在一定的时间范围内，某个个体采取某种方式最终得到的结果

可以发现，众多学者都将工作绩效视为在工作上表现的行为或贡献，并且认为工作绩效程度的高低可以被测量和评估。本书认为，工作绩效是指个人在工作中基于工作的职务，完成工作或任务的质与量、工作表现行为与贡献的程度，也就是在特定时间内对特定组织的贡献价值。

2.1.3　销售人员外部组织承诺

1. 组织承诺

组织承诺（Organizational Commitment）的概念最早由美国社会学家贝克尔（H. S. Becker）在 20 世纪 60 年代提出，他认为组织承诺是个人随着对组织“单方面投入”增加而不得不选择继续留在现在组织的行为。随后的几十年来，组织承诺的研究已然成为一个热点。至今为止，学术界并没有对组织承诺的定义达成共识。总体上看，对组织承诺的定义主要包括两种观点：行为观和态度观（表 2-3）。行为观点认为组织承诺是指，组织中的个体为了不失去自己通过努力投入所换来的福利、收入和待遇，而不得不继续留在组织的行为；态度观点认为组织承诺是个体对组织的一种态度，解释了个体为什么要留在某个组织，是个体在感情上对组织的肯定性内心倾向和对组织投入的程度。

表 2-3　组织承诺的定义

观点	学者及时间	定义
行为观	Salancik 等（1977）	个体因对组织投入过多精力而出现依赖组织的行为
	Wiener（1982）	由于个体在社会化过程中不断地被灌输和强调某种观念或规范的结果，实际上是一种“内化的行为规范”
	Meyer 和 Allen（1984）	个人需要维持生计、实现自我和承担各种责任而继续与组织保持交易关系的行为
	刘小平和王重鸣（2001）	员工对组织的一种责任和义务，源于对组织目标的认同，由此衍生承担作为企业的一员所涉及的各项责任和义务的意愿
态度观	Buchanan（1974）	组织承诺是员工对组织的一种情感体验，如认同或者忠诚等
	Mowday 等（1979）	个人对所在组织基于感情上的依赖以及个人对组织的忠诚与贡献，它影响着个人对组织的投入程度

（续表）

观点	学者及时间	定义
态度观	Meyer 和 Allen (1991)	组织承诺是一种精神状态或者一种心理状态，由此产生了一种保持组织成员资格的渴望，形成了一种稳定的心理约束力，并能对个体行为产生指导
	凌文辁等 (2001)	员工对组织的一种态度，它可以解释员工为什么要留在某企业，因而也是检验职工对企业忠诚程度的一种指标

回顾国内外学者对于组织承诺概念的界定，本书认为组织承诺是组织个体在组织日常活动中对组织所产生的一种态度和情感，以及对组织目标的认同，并愿意继续维持组织成员身份的一种心理倾向或意愿。

2. 外部组织承诺

对外部组织承诺的研究并不是很新颖，可以追溯到一些学者对于承诺的对象(target)或焦点的研究，比如对工会的承诺(Biles，1974；Fullagar 和 Barling，1978；Gordon 和 Michael，1980)，对职业的承诺等(Aryee 和 Tan，1992；Snape 和 Redman，2003)。之前的研究已经证明，个体可以超越组织边界对多个主体产生承诺，比如工会(Gordon 等，1980；McElroy 等，1997)、制造商(Siders 等，2001)和客户(Reichers，1985)。

McElroy 等(2001)认为，当处于跨边界角色的员工在心理上与外部组织产生联系时，边界人员会对外部组织或机构产生承诺。他们将组织承诺概念进行拓展，认为其是“员工超出了雇佣组织的边界，对企业以外的其他组织的认同与参与”。也就是说，员工突破组织法律边界，对外部组织的认同和承诺。他们使用术语“外部组织承诺”描述边界人员可能会对其他组织产生承诺的行为，比如高程度的外部组织承诺代表个体对外部组织的价值观和目标的接受。

本书所表述的承诺问题侧重于一个组织员工向另外一个组织的承诺。McElroy 等认为那些对外部组织做出承诺的员工将对该组织做出超越使命的行为，同时会增加他们所在组织与外部组织的商业机会。基于 McElroy 等的研究，本书将中间商销售人员的外部组织承诺定义为：“中间商销售人员对制造商业务的认同与参与。”

2.2 基础理论

2.2.1 关系营销理论

1983年美国营销学者利奥纳多L.贝瑞(Leonard L. Berry)最早提出了关系营销(Relationship Marketing)的概念。关系营销是把营销活动看成是价值链各利益相关者之间发生相互作用关系的过程,其中既包括供应商、制造商、中间商、消费者,还包括竞争者、政府机构及其他利益相关者。关系营销理论的核心是在企业与渠道利益相关者之间搭建和发展一种长期关系(Berry, 2002)。Sheth等(1993)指出,为了实现价值创造和分配,企业需要与客户建立长期持续的合作关系。随着企业组织形态向网络化和扁平化转变,渠道伙伴关系、渠道战略联盟等网络结构形式的兴起,关系营销逐渐成为市场营销学研究的热点。

Gummesson(1994)认为关系营销就是"从关系、网络和互动的角度来看营销"。Berry(1995)认为关系营销是指,为了实现企业和利益相关者的目标,通过交换和承诺,建立与维持与客户间关系的过程。美国营销学者菲利普·科特勒(2001)将关系营销定义为"以获取最大收益为目标,企业与客户建立起的长期的、积极的、互惠的关系"。

与传统营销相比,关系营销在与客户关系上存在几方面的不同:(1)关系营销更加关注如何与消费者建立与保持长期合作关系,而传统营销往往只关注维持短期交易关系。(2)关系营销关注消费者满意度,重视建立和维护客户忠诚,而传统营销较少关注消费者满意度。(3)关系营销重视在消费者之间建立承诺和信任关系,而传统营销关系中渠道成员之间缺少信任和承诺。(4)关系营销认为所有部门都应该为产品和服务的质量负责,而传统营销认为产品质量全部是生产部门所关心的。综上所述,关系营销的核心是建立与客户之间的长期的、良好的、稳定的、互惠的关系。

Morgan和Hunt(1994)最早提出信任和承诺是关系营销中的核心要素,而不是权力或依赖,并进一步指出客户对企业的信任或承诺是关系营销效果的决定性因素,并认为企业关系营销的目的是与客户建立与发展长期合作关系。

Morgan 和 Hunt(1994)以信任和承诺为关键中间变量构建了关系营销"信任—承诺"模型(图 2-1),该模型展示了影响关系营销的前置因素及其产生的结果。该模型认为影响渠道关系的前置变量包括:关系终止成本、关系利益、分享价值、沟通及机会主义行为;中介变量包括:承诺与信任;结果变量包括:熟悉、离开倾向、合作、功能性冲突及不确定性。其中,"承诺"是指企业认为与客户的关系非常重要并长期保持关系的意愿;"信任"是指交易双方对关系可靠性和诚实性的信心,对达成交易或长期交易关系的态度。在关系营销研究模型中,关系终止成本和关系利益与承诺正相关;分享价值与承诺和信任都是正相关关系;沟通与信任正相关,而机会主义行为与信任负相关。承诺正向影响熟悉,负向影响离开的倾向;合作同时受到承诺与信任的正向影响;信任正向影响功能性冲突,负向影响不确定性。

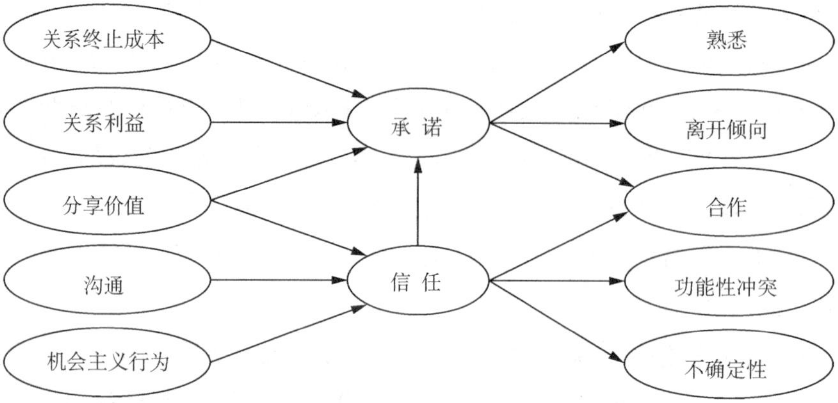

图 2-1 KMV 关系营销研究模型

Gundlach 等(1995)认为,承诺是企业与客户间长期关系的基础。Wulf 等(2001)认为,信任、满意和承诺是关系质量的三个关键指标。一个组织对渠道成员的信任会支持它相信渠道伙伴在渠道关系中会遵守承诺。同时,组织也更青睐与那些信守承诺、值得信赖的伙伴合作(Anderson 和 Weitz, 1992)。关系承诺和信任意味着与客户保持长期关系的意愿,表明关系双方愿意依靠稳定的长期关系带来长期利益,从而宁可牺牲短期利益换来双方长期合作与发展。承诺和信任是影响组织之间关系营销活动的中间变量之一,反映渠道成员的态度与行为期望,通过分享共同价值观和共同目标来形成特定的交易标准和行为范式,同时兼顾渠道成员的个体目标及渠道的集体目标，促进了组织间承诺产生，有利于提高渠道整体绩效。

本书关注的渠道关系是制造商与中间商销售人员之间的关系。销售人员作为渠道关系网络中的一个重要节点，在传递制造商产品（服务）价值、反馈市场信息方面，扮演着重要的角色。因此，制造商直接激励中间商销售人员，是为了与中间商以及中间商销售人员建立起长期稳定的合作关系。同样，销售人员也会产生与供应商建立持久关系的愿望，并伴随着尽最大努力去维护关系的承诺。根据关系营销理论和"信任—承诺"观点，本书认为制造商对中间商销售人员的跨边界激励会使中间商销售人员产生对制造商的承诺，而中间商销售人员的外部组织承诺也会影响自己的行为结果。

2.2.2　资源基础观

资源基础观（Resource Based View）于 20 世纪 40 年代被提出，在 20 世纪 80 年代得到迅速发展。资源基础观认为企业是各种资源的集合体。Penrose（1959）认为企业资源和能力决定了企业经济效益。企业的市场竞争优势来自企业拥有或控制的异质性资源。管理者将企业拥有或控制的资源在企业内部进行配置，形成一种区别于竞争对手的异质性资源，从而获得市场竞争能力（Penrose，1959）。

Wemerfelt（1984）认为企业战略的基础就是资源，企业取得市场竞争优势并获得超额利润的关键在于企业内部资源和知识的积累（Wemerfelt，1984）。Barney（1986）赞同 Wemerfelt 的观点，认为企业战略制定的前提，是明确自身所拥有的资源和能力。Barney 进一步指出，一个拥有有价值的、稀缺的以及难以模仿的资源的企业通常会具有持续的高绩效，并且这些差异使得一些企业保持着持续的竞争优势。

现实经济社会中，市场结构和交易关系越来越复杂，一家企业很难拥有满足市场需求的全部资源和能力。越来越多的学者基于资源基础理论，将注意力集中在组织间关系的研究上。在资源基础观看来，资源和能力是组织边界拓展的关键影响因素，但由于这些资源和能力分散在不同的组织以及组织间关系中，因此，企业获得竞争优势既需要利用本身的差异性资源和知识，又需要获取和运用组织间资源和能力。随着组织间关系的发展，人们从利用组织资源扩大视野到利用组织间资源获取竞争优势。资源基础观认为资源已经超出了企业的边界，分布在不同的组织中，而这种情况直接导致了资源的稀缺性和外部获取的难度，也促使企业通过组织间合作关系的建立，来获取关系双方间存在的差异性资源（Pfeffer 和 Salancik，1978）。组织间关系建立的重要动机之一便是从外部获得其所需要的重要资源。通过组织间合作实现异质性资源互补。在长期合作关系中，基于合作关系进行的关系专用性投入（知识、惯例等）潜入组织关系结构中，使得组织间关系也成为一种差异性的资源和能力。因此，从渠道关系治理视角看，如何协同跨组织资源是制造商营销渠道网络获得竞争优势的关键。

随着市场竞争日益激烈，营销渠道结构和形式也越来越多样、越来越复杂，资源和能力已经分散在整个供应链网络中。对于制造企业而言，其很难满足市场全部的营销功能，往往依赖中间商来实现分销渠道的管理与运营。中间商一般更加了解当地市场、拥有专业的营销团队；而制造商拥有更加全面的产品知识和服务规范、掌握更加丰富的渠道资源。因此，制造商需要获得中间商专业的营销团队，中间商需要制造商的专业服务和产品知识。此外，在合作关系建立之后，制造商为了保证信息和知识有效向下游传递，会在市场活动、系统建设、人员培训等方面给予中间商相应的专用性资源投入；同样，中间商为了更好地实现产品销售，也会有针对性地投入广告宣传、店面布置和人员培训。双边专用性资源的投入，使双方建立了稳定的、长期的合作伙伴关系，打造了差异化的渠道资源，提升了渠道整体竞争力。同时，双边专用性资源投入和双边知识流动也形成了渠道成员企业之间的关系嵌入，带来了组织边界的变化——能力边界突破了法律边界的界限，成员间组织边界逐渐模糊，为渠道核心企业实施跨企业边界治理创造了前提条件。

2.2.3 社会交换理论

社会交换理论最早由美国社会学家霍曼斯（Homans）提出，强调人们在交换过程中的心理因素。Homans（1985）指出，人类一切社会活动，本质上说就是一种交换关系，某些具有奖励的交换活动会影响人的行为。在实际的社会关系中，只有人们觉得这个交换关系有一定吸引力，才会与对方产生互动。同时，不仅物质资源影响人们的交换活动，非物质资源也会对人们的社会交换产生影响，比如情感、依靠、情报、信任、承诺等。总之，社会交换理论认为人们进行社会活动或交换的目的是满足自己的各种需求。

社会交换理论认为人类社会活动以交换为基础，而社会交换基于互惠原则。而互惠的交换获得，需要交换双方彼此信任和相互承诺，因为这些互惠利益不明确并存在着得不到回报的风险(Cotterell 等，1992)。社会交换关系还体现了一种责任关系(Blau，1968)，也就是说，当一方向另一方提供恩惠或帮助时，施惠一方期望自己在未来会得到受惠一方的回报，同样，受惠一方也会产生报答施惠一方的意愿，互惠交换关系的责任感因此而生(Cropanzano 和 Mitchell，2005)。

Thibaut 和 Kelley(1959)认为，组织间维持关系是因为期望交换关系将为各方带来价值。当维持关系的收益大于成本时，关系将得以维持。Gulati 等(1999)通过研究进一步阐述组织间关系不仅受机会主义和不确定性等因素的影响，社会交换理论所关注的诸多要素如信任、声誉、承诺、忠诚等也是决定组织间关系的重要因素。

社会交换的本质是相信一方给予另一方的帮助会在未来得到回报。社会交换理论为解释“组织—员工”关系提供了很好的理论工具，不少学者研究了不同企业中的“组织—员工”“主管—员工”“员工—员工”的关系。组织与员工关系研究普遍认为企业提供给员工的物质奖励、培训、学习机会、晋升、组织关怀等一系列激励，能够激发员工为企业自觉付出更多努力。根据社会交换理论，员工因组织给予自己的责任感及为保持对自身组织成员身份的认同感，会对组织投入积极响应与回报，通过努力工作、产生高绩效行为、主动创新与学习、自觉维护组织形象、积极履行组织公民行为等以换取组织的奖赏和激励。

根据社会交换理论，在跨企业边界的“组织—个人”关系中，当一个组织员工与另一个组织(比如制造商、供应商、客户等)都遵守社会交换理论的互惠原则时，在特定的合作关系(契约关系)下，一个组织的员工做出积极的努力行为必然会受到另一个组织积极的回报，从而产生有利于交换双方的积极结果。当组织员工(中间商销售人员)感受到的外部组织(制造商)对其投入较高的专用性资源(信息、资金、培训、学习)时，会为保持对外部组织的认同感以及为外部组织目标和利益实现作出贡献的责任感，用更高的外部组织承诺，投入更多的努力来回报外部组织的认同和奖励。从社会交换理论来看，互惠原则既可以用于解释组织中内部员工的态度和行为结果，也可以用于解释制造商与中间商销售人员跨边界互动结果。

2.2.4 社会认知理论

20 世纪 70 年，代美国心理学家阿尔伯特·班杜拉(Albert Bandura)提出了社会认知理论，用于解释个体行为产生原因。该理论认为外部环境和人们的内在思维认识共同决定了行为的形成，从新的角度揭示了环境、个体和行为相互影响、相互决定和相互依赖的关系(陈少华等，2006)。

根据社会认知理论，人的行为既不是由内部认知因素驱动的，也不是由外部刺激引导和控制的。人行为的实现是三方相互影响、共同决定的。在班杜拉提出的三方交互作用模型中(图 2-2)，环境因素、个体因素和行为因素三者相互作用、相互决定。班杜拉认为人的行为模式部分取决于外部环境刺激，同时人们的行为又会反过来对周围环境产生影响和制约。而个体的内部因素，如认知能力、情绪、动机、情感等也将影响人们的行为；同样，人的行为也会对个体的认知和情感产生反作用。

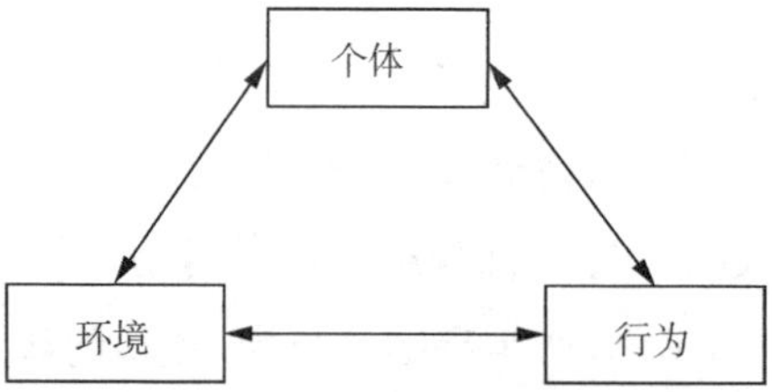

图 2-2　班杜拉三方交互作用模型

本书将探讨外部组织激励对销售人员工作绩效的影响。从社会认知理论视角出发，在环境刺激与个体行为之间的影响机制中，个体对环境刺激的自我调节，以及个体的认知和情感因素被视为环境与个体行为结果两者之间的中介变量。制造商的跨企业边界激励对中间商销售人员而言，是来自外部环境的刺激，工作绩效是个体行为的结果。销售人员外部组织承诺是个体内在的认知和动机。通过分析个体的心理和动机等方面的内部潜在因素，建立跨企业边界激励对销售人员工作绩效影响的机制分析。

2.3　本章小结

本章首先梳理了企业边界和激励的相关概念，结合本书拟解决的核心问题，将跨边界激励界定为存在契约关系的两个企业，其中一个企业突破契约边界对与另一个企业存在契约关系的人员进行激励的行为。而后，对本书涉及的销售人员工作绩效、销售人员外部组织承诺和组织承诺的三个核心概念进行了界定。界定概念对明晰本书的研究边界具有重要价值。

本章也回顾和梳理了开展研究所应用的基础理论：关系营销理论、资源基础观理论、社会交换理论和社会认知理论。基础理论为研究的开展提供了理论背景和研究基础，也为后续提出研究假设奠定了基础。

第3章>>>

模型构建与研究假设

众多学者对激励与绩效之间的关系做了大量的深入研究,并取得了丰富的研究成果。但在渠道成员企业间关系背景下,制造商跨企业边界激励与中间商销售人员工作绩效关系问题的研究还比较少;从外部组织承诺视角揭示制造商跨企业边界激励对中间销售人员工作绩效的影响作用机制,也缺乏相关的实证研究。本章针对目前研究中存在的不足,以制造商跨边界激励为前因变量,中间商销售人员绩效为结果变量,中间商销售人员外部组织承诺为中介变量,组织承诺为外部组织承诺与工作绩效间的调节变量,构建制造商跨边界激励对中间商销售人员工作绩效影响机制研究模型,并根据理论模型中各变量之间的内在逻辑关系提出相应的研究假设。

3.1 理论构建

在明确了研究变量的概念之后,本节将根据研究的目的和内容,以资源基础观理论、渠道治理理论、社会交换理论和关系营销理论为基础,对跨边界激励机制进行分析,并借鉴关系营销和外部组织承诺研究模型,深入剖析制造商跨边界激励对中间商销售人员工作绩效的影响机制,为构建研究的概念模型提供研究基础。

3.1.1 渠道激励与跨边界激励

1. 渠道激励

一个组织如何利用组织能力和资源去改变渠道其他成员的行为,一直是渠道治理的关键问题。渠道激励已经成为制造商渠道治理的重要策略之一。解释渠道激励如何产生的一个重要观点就是渠道权力。渠道权力理论认为,权力是营销渠道治理的一种有效方式,并借鉴了心理学理论提出的渠道权力的五种权力:奖赏权、强制权、专长权、合法权和感召权。Coughlan 认为渠道权力中最重要的是给予渠道成员激励(奖赏)的能力。渠道激励(奖赏)是某一渠道成员因为改变自己行为而得到的补偿利益。而渠道激励的产生就源于奖赏权。奖赏权基于 B 的一种信念,即 A 具备奖赏 B 的能力。奖赏权的有效使用将取决于 A 拥有 B 认可的部分资源以及 B 对 A 的一种信任:如果遵从 A 的要求,乃会获得某些报酬(Caldwell 和 O'Reilly, 1990)。

在传统的渠道激励制度中,制造商通过市场拓展支持、额外沟通计划、财务激励以及终端用户激励等方式给予中间商激励。中间商为了达到制造商的期望,又会通过佣金、培训、晋升等组织激励手段给予销售人员奖励。但随着渠道结构日趋复杂,渠道冲突在营销运营中时有发生,渠道治理难度也越来越大。这种"制造商—中间商—销售人员"的简单线性激励关系并不能根据市场需求或销售情景的不同,产生有效的渠道治理效果(Caldieraro 和 Coughlan, 2007)。

制造商销售渠道治理就是一种交叉着组织内部管理的跨组织管理(庄贵军, 2012)。因此,如图 3-1 所示,渠道治理中所涉及的问题,一方面与企业内部管理有关,另一方面与跨企业边界管理有关。包括制造商的高层管理者对制造商渠道管理者的管理,中间商的中高层管理者对中间商的销售人员的管理;也包括渠道各参与者之间彼此的跨边界管理。

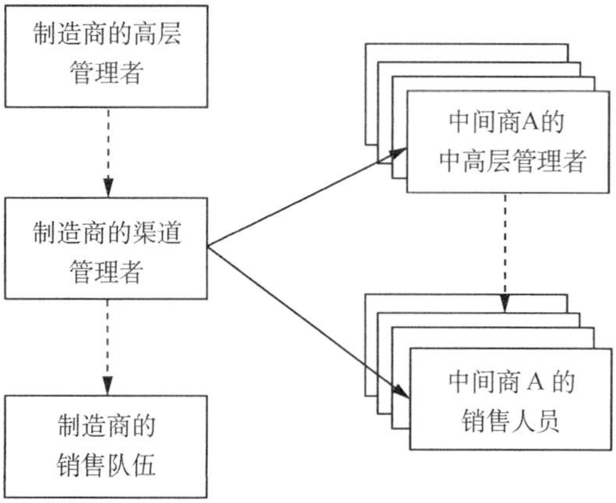

图 3-1　销售渠道治理的特点

渠道激励的针对性是多层面的(图 3-2),既要针对本企业的渠道管理人员,也要针对渠道成员企业,还要针对渠道成员企业的销售人员(庄贵军, 2012)。这几个层面的激励相互关联,才能使企业的渠道治理策略得到有效执行。任何一个层面上的激励政策、激励措施不到位或者激励针对性的偏差都会打击渠道士气,导致渠道效率下降。其中,渠道领袖企业的高层管理者对本企业渠道管理人员的激励,及渠道成员企业对其渠道员工的激励,属于组织内部激励问题;渠道领袖企业对渠道成员企业的激励、渠道领袖企业渠道管理人员对渠道成员企业的激励,及渠道领袖企业渠道管理人员对渠道成员企业渠道员工的激励,属于跨边界激励问题。

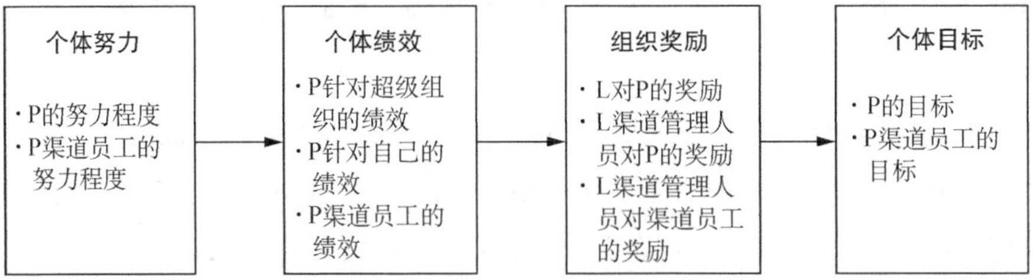

图 3-2　渠道激励模型

注:P=被领导或被激励的渠道成员
L=渠道领袖或实施激励的渠道成员

2. 跨边界激励的内涵

渠道激励是多层次问题,其中只有跨边界激励才是营销渠道治理所关注的重要问题(庄贵军, 2012)。渠道激励是制造商对中间商以及中间商销售人员跨组织管理的一种重要的治理手段。但是,当中间商忠诚度很低、渠道合作仅限于较低层面,制造商与中间商的沟通存在障碍时,可能出现激励不相容的问题,最终导致了无法调解的渠道冲突。特别在某些销售渠道(如汽车销售、电器卖场、化妆品卖场等),销售人员成为渠道的战略性资源之一。制造商希望中间商销售人员对它的产品而不是其他制造商的产品投入最大的关注和努力。因此,为了促进新产品(或特定产品)销售,提升产品销量,扩大市场占有率,制造商会给予中间商销售人员直接的奖励。特别在开拓新市场或销售新产品的时候,往往需要中间商销售人员付出额外的销售努力。因此,制造商跨越企业规模边界对中间商销售人员给予直接激励。Caldieraro 和 Coughlan(2007)研究认为,制造商对中间商销售人员的直接激励能够缓解销售中的低效率问题,并进一步指出跨企业边界激励不仅是为销售特殊产品给予中间商销售人员的激励手段,同时也是一种构建市场竞争力的有效策略。

郑鑫和叶明海(2014)从系统论视角,构建了跨边界协同激励系统论模型(图3-3)。该模型反映出了跨边界激励这种活动的要素、结构和关系。该模型由制造商和经销商两个子系统构成;两个子系统间具有依价值链上下游企业合作,以及因各自掌握的资源多寡而产生的层级结构;两子系统间存在跨企业边界激励的关系。跨边界激励通过激励措施影响销售人员在系统内部的行为。由于跨边界激励措施能够从制造商系统的角度,根据各地区、各产品类型制定差异化的激励措施,进而能够对绩效实施有效调控,维持制造商系统绩效的稳定。

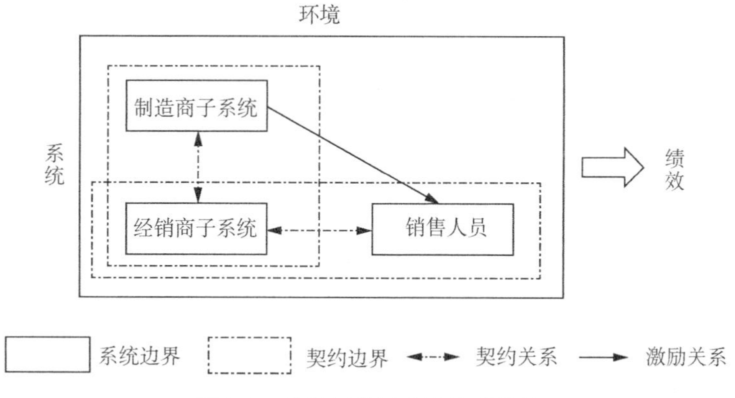

图3-3 跨边界协同激励的系统论

3.1.2 跨边界激励实施的前提条件

一方面,制造商与中间商之间建立起长期伙伴关系。在营销渠道长期伙伴关系中,渠道领袖不再依靠正式契约和权力实施治理,而是运用非正式机制,比如惯例、承诺等社会规范来规避投机行为的产生。相比市场治理和科层治理,在渠道关系治理下制造商可以通过更加丰富的监控和激励机制实施渠道管理。如关系双方具有较高的信任关系,愿意保持长期合作关系,渠道成员之间倾向于通过双向沟通、相互协作、采取联合行动,实现渠道激励相容。制造商和中间商形成协同激励效应，构建起“信任—承诺”的长期伙伴关系。在这种“信任—承诺”关系中，渠道成员之间的企业边界相互融合，可以分享和获取对方的知识和能力，形成一种跨企业边界的嵌入式结构，并获取更高合作收益（张闯等，2012）。为了维系关系结构的稳定，合作双方将投入大量的关系专用资产，促使渠道成员形成一种“命运共同体”关系，并且这种关系结构本身就成为一种核心竞争力。在长期伙伴关系下，渠道成员分享渠道关系的价值观，驱动渠道共同目标的认同，明确治理标准和行为范式，在目标趋同的基础上实现激励相容（沙振权等，2010）。正是在这样的前提下，制造商对中间商销售人员的跨边界激励，不会涉嫌干涉中间商企业内部管理。

另一方面，营销渠道成员间企业边界的渗透与模糊。随着渠道结构复杂程度加深，营销能力广泛分布在渠道成员中，一家企业很难满足客户全部需求。对制造商而言，可以从营销能力视角合理评估和选择中间商；而拥有“终端优势”的中间商也可以以相似标准评估和选择制造商。在双向选择过程中，渠道成员原有的企业边界必须相应地作出调整与突破。渠道成员间的边界变得越来越模糊，呈现出一种渗透性垂直结构（permeable vertical architectures），表现出部分一体化或部分市场化的混合制结构特点（Williamson，1991）。在规模边界方面，通过长期契约构建了稳定的交易关系，渠道双边专用性资产的投入，使成员之间的规模边界逐渐模糊。在能力边界方面，制造商通过价值链流程的再造与重组，为渠道成员提供指导、培训、技术援助及其他支持。在知识和信息传递过程中，企业能力边界不断地渗透和外延，最终覆盖了整个渠道网络（图 3-4），使得整个渠道能更好地与市场需求的能力匹配，最终形成渠道的核心竞争能力。在渠道成员企业边界的渗透与模糊的前提下，制造商对中间商销售人员的跨企业边界激励，实际上是在能力边界范围内的渠道内部治理行为。

工作在销售一线的中间商销售人员在传递制造商价值上扮演着重要角色。一方面，制造商需要投入一定的专用性资源，将专用性知识和信息传递给他们；另一方面，由于销售人员了解客户消费习惯以及市场需求信息，制造商需要给予他们必要的激励，鼓励他们分享市场信息和知识，帮助制造商改进产品和服务，以满足日益个性化、多元化的市场需求。渠道成员间长期伙伴关系

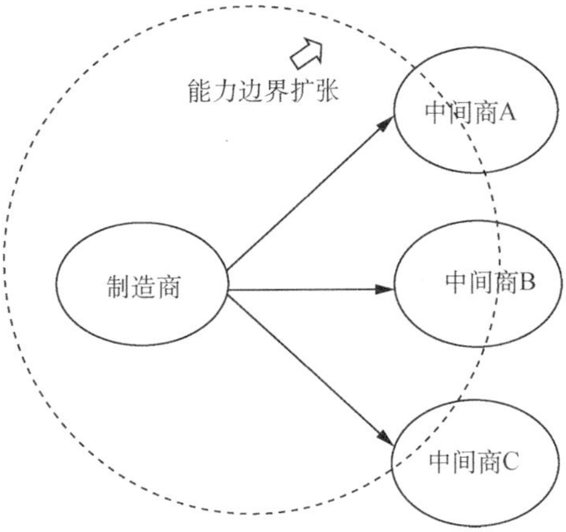

图 3-4 企业能力边界的扩张

的建立，为跨企业边界激励创造了信任的环境，能够缓解跨边界治理可能产生的渠道冲突和分歧；渠道成员间企业边界的模糊和渗透，使得渠道领袖可以跨越传统企业边界的限制，一定程度上控制了渠道的关键资源，保护了投入的专用性资产，抑制了机会主义行为，保证了知识和信息的有效传递，从而实现渠道有效激励。

3.1.3 跨边界激励机制的特征

以往学者对渠道激励机制的研究一般在两个背景下进行，组织内背景和组织间关系背景，研究大多集中在组织内激励机制和组织间激励机制。而跨边界激励是组织间激励机制向激励客体员工的延伸，与组织内部激励在激励主体、目的、手段等方面存在差异，有其特殊性。

（1）从激励的客体来看，如上文所述，跨企业边界激励是没有股权联系的自治组织间的激励问题，与组织内部激励相比，跨边界激励的客体与激励主体没有雇佣契约关系。与组织层面的激励相比，跨边界激励的客体延伸到中间商的员工。所以跨边界激励的对象是与中间商具有雇佣契约关系的渠道人员。

（2）从企业边界的视角来看，企业对与其具有雇佣契约关系的员工的激励发生在企业规模边界之内，是工作设计的重要组成部分。随着价值链布局的变化，营销能力分布在渠道各成员之间，为了获得满足市场需求的能力，渠道成员间建立了长期协作关系，并促进了企业知识的外溢，使得企业能力边界不断扩大最终涵盖了整个价值链（蒋峦等，2003）。跨边界激励看似突破了法律边界的限制，对独立中间商销售人员实施直接激励；从能力边界视角来看，跨边界激励的实施并没有超越渠道能力边界的范围。

（3）从治理的目的来看，组织激励是一种企业内部的治理机制，其目的是促进内部员工与企业目标保持一致，并调动员工的工作积极性和主动性，提高工作绩效，实现企业目标。而跨边界激励是渠道治理的一种重要机制，具有多目标协同的特点。跨边界激励不仅要考虑到制造商的利益，同时要兼顾中间商以及中间商销售人员的利益，其核心目的是实现渠道资源的合理配置、知识的有效传递以及渠道的整体绩效。哈维茨在机制设计理论中提出“激励相容”的概念，认为在市场经济中，出于理性经济人都会根据其自利规则采取行动。如果有一种制度安排，能使行为人在追求个人利益的同时，正好也实现整体价值最大化，这种制度安排就被称为“激励相容”。因此，跨边界激励虽然是对另一个企业相关人员的直接激励，但并不是要与中间商分享销售人员的控制权，相反是为了协调制造商与中间商以及中间商销售人员的合作关系，让渠道利益相关者在为渠道多作贡献的同时，实现制造商、中间商和销售人员三方利益的最大化。

（4）从激励手段来看，在没有资产所有权和其他控制权分配的前提下，制造商无法通过权威和指令对中间商销售人员实施直接管理。因此，基于承诺和信任的社会规范在跨边界激励中发挥了更大的作用。特别是当跨边界员工在心理上对外部组织产生承诺时，外部组织承诺以两种方式对边界员工的行为产生激励和约束作用。一方面，具有高外部组织承诺的边界人员往往以外部客户的最大利益来行事，并站在对方的角度思考问题，能兼顾到对方的利益。另一方面，当雇主与外部客户产生冲突时，具有较高组织外部组织承诺的边界人员会选择满足客户的需求而不是自己的组织的需求。外部组织承诺促进了边界人员对外部客户目标的认同和参与，激励关系双方产生主动投入和维持长期合作关系的意愿。因此，渠道跨边界激励建立在关系治理基础上，运用信任、承诺等社会规范来约束投机行为，引导合作双方为共同目标而努力（Heide 和 John，1992）。因此，制造商在采用跨边界物质激励手段外，往往采用非物质激励的方式，表明了一种期望维持长期合作关系的态度。同时,非物质激励手段一定程度上也降低了渠道关系治理和维护的成本。

3.2 初期框架的探索性研究

本书基于跨边界激励的关系框架和外部组织承诺模型,以制造商跨边界激励为前因变量,中间商销售人员绩效为结果变量,把中间商销售人员外部组织承诺作为中介变量,销售人员组织承诺作为外部组织承诺与工作绩效间的调节变量,构建制造商跨边界激励对中间商销售人员工作绩效影响机制的概念研究框架(图 3-5)。

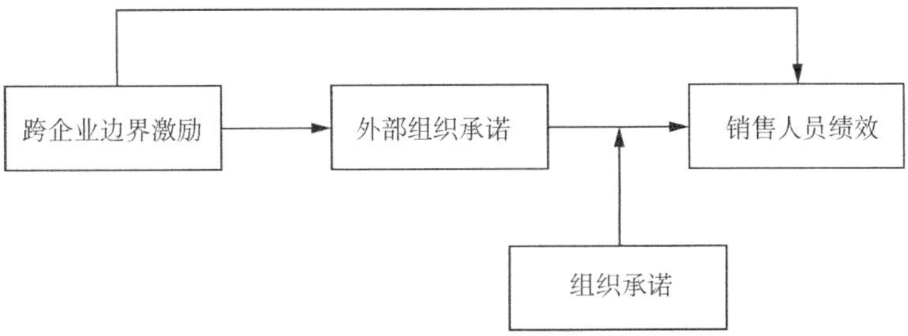

图 3-5 初期理论模型

激励要通过接受者的意识和态度来影响反应行为。在接受到外部激励后,接受者形成一种有意识或者无意识的心理状态,这种心理状态是某种感知或情感(Eroglu 等, 2001)。组织外部制造商跨边界激励引发销售人员对制造商的认同与对制造商活动的参与,产生对制造商的承诺。在与制造商互动过程中,销售人员也会有个体特定行为的反应,根据自己与制造商的沟通强度、自身的任职时间、组织内部支持感受等判断,权衡自身对于外部组织的承诺,做出对自己最有利的行为,选择留职(离职)或更高(更低)的绩效行为。虽然激励对员工工作绩效影响机制的研究较为丰富,但是将外部组织承诺作为二者中介变量的研究较少,同时,组织承诺对"外部组织承诺—工作绩效"作用关系的调节效应的研究也比较少。因此,下文将首先进行探索性研究以检验概念模型的合理性,并为进一步修正研究模型提供依据。

3.2.1 调查方法

1. 访谈方法

探索性研究主要使用访谈方法，通过深度访谈获取在具体情境中的人们对某个观点的看法和态度的信息。本书在访谈中采用了以下研究思路：第一，明确研究内容和预期访谈目标，从而列出访谈框架和访谈提纲；第二，采用半结构化访谈方法，被访谈者可以根据问题自由地阐明自己的想法；第三，根据被访谈者的回答引导他们提供更为详细的信息，将访谈深入化、具体化；第四，在访谈中确保他们理解相关学术概念和学术语言，尽量采用通俗易懂的语句进行交流。

2. 访谈内容和目的

围绕“跨边界激励、外部组织承诺和工作绩效”这一主题，访谈的目的及内容在于以下方面：(1)受访者对跨边界激励、外部组织承诺、工作绩效、组织承诺的理解；(2)跨边界激励和外部组织承诺的构成因素；(3)受访者对跨边界激励、外部组织承诺与工作绩效关系的理解；(4)跨边界激励在什么情境下更可能促进外部组织承诺的产生，影响因素有哪些。具体问题包括：

① 我们对跨边界激励的理解是：“存在契约关系的两企业，其中一企业突破契约边界，对与另一企业有契约关系的人员进行激励的行为。”据您了解，汽车制造商给予经销商销售人员的跨企业边界激励有哪些？请描述跨边界激励的内容。

② 您认为，上述激励是否会对员工绩效产生影响？产生何种影响？如何影响？

③ 我们对外部组织承诺的理解是：“经销商销售人员对制造商的认同与参与。”请问从您的角度和体验，您与汽车制造商之间是否存在承诺？如果存在，请描述承诺的内容。

④ 请结合您的工作经历，介绍一些外部组织承诺的具体事件(背景、过程与行动、结果)。

⑤ 您认为，制造商实施的销售人员激励对外部组织承诺有什么影响？

⑥ 您认为，外部组织承诺会带来什么样的后果？对员工和企业有什么影

响(最好给出 2 个具体事例)?

⑦ 您认为,在同等的外部组织承诺下,什么样的人较容易有更好的工作表现?

3.2.2　访谈对象的选取

在个人深度访谈中,利用经销商满意度调研项目的机会,从 7 家汽车品牌经销商中各选取 2 名销售人员,对共 14 名受访者进行了深度访谈,访谈对象在单位中承担着汽车销售的管理或服务工作,因此样本具有比较好的代表性。同时,受访者在企业内的工作年限最低为 3 年,这能够保证他们对制造商激励政策有充分的了解,并且与新员工相比他们对制造商的认知和了解更加全面和深入,从而保障深度访谈提供具有价值的有效信息(表 3-1)。在访谈中,围绕“跨企业边界激励、中间商组织承诺和工作绩效”这一主题,与被访谈者进行深入的沟通,每次访谈时间在 40 分钟左右。

表 3-1　　深度访谈对象介绍

汽车制造商	序号	性别	岗位级别	工作年限
上汽大众	A	男	销售主管	8
	B	男	销售顾问	4
别克	C	男	销售主管	7
	D	女	销售顾问	4
凯迪拉克	E	男	销售顾问	3
	F	男	销售顾问	4
雪佛兰	G	男	销售顾问	4
	H	男	销售顾问	3
广汽本田	I	男	销售主管	6
	J	女	销售顾问	3

（续表）

汽车制造商	序号	性别	岗位级别	工作年限
广汽丰田	K	男	销售主管	6
	L	男	销售顾问	4
东风雪铁龙	M	男	销售主管	7
	N	女	销售顾问	3

3.2.3 资料收集与分析

访谈结束后，根据访谈现场记录，将访谈内容整理为文字材料，并结合研究内容和研究目标，对相关访谈内容进行梳理。总体上看，通过对 14 名受访对象的深度访谈，相关变量概念界定与受访者表述相似，概念模型和研究框架的合理性也获得初步确定。

1. 变量维度的归纳

本书的核心概念包括跨边界激励、销售人员外部组织承诺、销售人员工作绩效和组织承诺。其中，对于组织承诺和工作绩效两个核心概念，学者们通过大量研究的开发和检验，已形成了相对权威的调查量表。对跨边界激励和外部组织承诺的研究文献较少，因此通过深度访谈，对跨边界激励和外部组织承诺概念和维度进行定性的探索和归纳，为编制研究的预测试问卷做好准备。

（1）跨边界激励

深度访谈发现，受访者对跨边界激励概念的理解与本书的界定基本一致，并能给出完整事件描述。受访者表示制造商跨边界激励包括物质激励和非物质激励，这在一定程度上验证了跨边界激励的存在，并且验证了跨边界激励包括物质激励和非物质激励两种类型。比如在访谈中，受访者 C、D、E、F、G、I、K 都直接提到“汽车制造商对经销商销售顾问的激励包括物质激励和非物质激励”。受访者对于跨企业边界激励的理解如表 3-2 所示。

表 3-2　　受访者对跨企业边界激励的理解及要素提炼

变量	原话	提取要素
物质激励	➢ 厂商物质激励包括现金、礼品和购车补贴 ➢ 物质方面的奖励主要是根据业绩给予的现金奖励 ➢ 主机厂的物质奖励主要是发放积分，销售顾问可以在网络积分平台兑换各式礼品 ➢ 销售顾问可以通过主机厂奖励的积分，在平台上兑换“现金”或“礼品”	奖金 积分 礼品
非物质激励	➢ 非物质激励包括教育培训、旅游和精神奖励。精神奖励包括销售精英榜排名、杂志专访、主机厂年会邀请等 ➢ 非物质激励包括技能培训、杂志专访和营销活动支援。营销活动支援就是为了助力新车销售，主机厂给予我们的销售支持，比如新锐特别版和精英版两款车，主机厂支持了送给购车车主的“安全类和科技类”套装，有这样的销售支援更有利于成交 ➢ 除了常规的返利奖励，每年都有销售技能大赛，为我们提供相互交流和学习的机会	培训 荣誉 销售支援 销售竞赛

（2）外部组织承诺

通过深度访谈发现，受访者对外部组织承诺概念的理解与本书的界定基本一致，并能给出自己对于外部组织承诺的理解。在访谈中发现，受访者都表示汽车经销商销售人员与汽车厂商之间存在承诺，这在一定程度上印证了外部组织承诺的存在。通过受访者对相关事件的描述发现，这些外部组织承诺并不完全一致，这在一定程度上印证了外部组织承诺存在不同类型。受访者对于跨边界激励的理解如表 3-3 所示。

表 3-3　　受访者对外部组织承诺的理解及要素提炼

变量	原话	提取要素
价值承诺	➢ 我向朋友介绍自己的工作时，首先介绍自己为别克工作，毕竟品牌知名度大嘛 ➢ 相比于比亚迪等自主品牌，大众毕竟是德国品牌，市场占有率也高，中国消费者也十分认可德国汽车的品质……别人知道我销售大众品牌汽车，也有不少人找我来买车，我也挺自豪的 ➢ 凯迪拉克本来就是高端品牌，在美国是总统座驾。作为凯迪拉克的销售顾问还是比较自豪的 ➢ 虽然在中国，日系品牌不如德系品牌受消费者认可，但丰田产品的性价比比较高，有句话叫“开不坏的丰田”，丰田非常关注产品品质，这也是我十分认同的地方，我也常常推荐亲朋好友购买丰田车	自豪 品牌 价值观

（续表）

变量	原话	提取要素
努力承诺	➢ 我也希望主机厂多给予一些支持，安排一些针对性的培训，比如针对现在消费人群年轻化的态势，应该如何使用销售话术。当然我们也会主动学习，一切都是希望把车卖得更好 ➢ 今年的车特别不好卖，我要付出更多的努力才能带来销量，压力很大，但也只能想一些新方法，现在我不仅在店里等客户上门，有时候也走到外面去，发传单、送礼物、发朋友圈……这么做都是为了发掘客户 ➢ 主机厂经常安排区域经理和培训老师来指导我们的工作，这对我们是有帮助的，我希望获得更多的信息和知识，来提升自己的业绩	努力 主动学习 新方法 知识
持续承诺	➢ 第一份工作就是在这里，短期内我没有想过跳槽去其他厂商4S店 ➢ 三缸车很难卖，厂家也没给有力的销售政策，没有业绩，收入也受到影响 ➢ 业绩没前几年好了，有孩子了，收入肯定是更加关注的问题，如果收入没有很大的提升，很可能去试试别的行业 ➢ 主机厂给予新车的销售支持很多，但有的老款车型很难卖动，在这方面厂商的商务政策很缺乏	离职 忠诚 利益

通过对受访者的深度访谈，对跨边界激励和外部组织承诺的内容有了进一步的理解，得出跨边界激励和外部组织承诺的维度，并提取相关要素作为量表修订的重要依据，将研究纳入特定情境的话语之下，帮助本书根据特定情境对量表的题项进行进一步修订。

2. 变量间关系归纳

(1) 跨边界激励与销售人员工作绩效关系明确

所有受访者都认为跨边界激励对销售人员的工作绩效有影响。例如受访者N所述："汽车厂商花那么多钱做广告，广告能卖车吗？还是要依靠经销商销售顾问卖车。市场活动是有一定作用，但是如果把一部分渠道费用直接用在销售顾问身上，效果肯定更好，毕竟我们直接面对客户，奖励多就能够激励我们为品牌（汽车制造商）多卖力。"受访者B提到跨企业边界激励时说："之前的（汽车制造商）销售顾问激励主要是给奖金，后来效果差了，又安排了旅游奖励。现在奖励越来越丰富，有培训，还有技能比赛，每个人可以根据需要在线上平台选择奖励品。"受访者H谈道："（汽车制造商）物质激励对我们年轻人还是挺重要的，但从长远看我觉得(汽车制造商)还是应多安排培训和学习作为奖励,多一些机会向同行或其他优秀销售顾问学习,对个人未来发展是有帮助的。”

(2) 外部组织承诺的中介作用机制

所有受访者均明确赞同跨边界激励对销售人员外部组织承诺的影响作用。受访者D谈道:“目前的激励是积分制的,同时积分是跟着销售顾问的,也就是说即使我换一家经销商工作,只要我还卖别克品牌的车,我的积分就会延续,但如果我去卖其他品牌的车,我之前的奖励就没了,所以我当然愿意继续留在这个网络中。”B表示:“主机厂还是比较重视销售顾问岗位的,每年都会举办全国范围的销售技能大赛,把各家经销商的销售顾问集中起来,给我们提供一个相互学习的机会和平台,我觉得主机厂在这方面做的还是不错的。”

受访者围绕外部组织承诺对员工绩效的影响做出了较多回应。例如受访者M说:“每年、每个季度、甚至每个月厂商的商务政策都有变化,我们只要看奖励的变化就能初步了解主机厂的销售动向,比如某车型销售奖励提升,可能说明这款车的库存太高了或者要换代了。了解制造商的销售目标和方向,我们也就更加明确自己的工作方向和努力方向,一定程度上也使得我们的努力与制造商的目标一致吧。”受访者I谈道:“现在车市不太好,竞争越来越激烈,而主机厂每年制定的销售指标都挺高的,虽然压力大,但完成任务能获得的奖励也是很透明的,只有努力完成销售业绩大家才能获得奖励嘛。”受访者G说:“这两年车不好卖了,但我对雪佛兰品牌还是有信心的。说大一些,努力工作是对厂商、对工作的责任;说小一点,做好每一天的工作,是为更好的销售业绩努力。”受访者A说:“现在已经不是光靠奖励就能换来业绩的时代了。这几年创新销售模式越来越多,比如天猫、京东、汽车之家等,它们都在卖车。对于我们传统4S店而言,管理人员和销售顾问都需要用新观念、新手段去拉动销售。现在不是招一个人马上就能卖车了,销售顾问需要深度地了解品牌、真正地热爱品牌,要做到这些,需要我们自己的努力,但我认为更需要主机厂给予更多的支持和帮助。不仅给予奖励,还要告诉销售顾问怎么获得奖励,要给方法、给策略、给工具。主机厂给予更多方面的支持才能提升销售顾问对产品的理解、对品牌的理解、对政策的理解,才能真正地激励他们,最终带来好的销售业绩。”

(3) 组织承诺的作用

在访谈中发现,很多受访者表示如果一个销售顾问对经销商有较高的忠诚度,对制造商的承诺才能带来更好的绩效,也就是说“爱企业才能爱事业”,如果一个销售顾问对雇佣自己的经销商都不忠诚,他对制造商做出的任何承诺都可能不会发挥重要作用。例如,受访者 K 在访谈中聊到了很多与组织承诺有关的内容:“我第一份工作就是在这家 4S 店,一直销售广丰的车子,从销售顾问一直做到主管。可以说我对主机厂和这家店都很有感情了。但非要比较的话,肯定是对这家店的感情更深。‘感情’这个词我觉得比较适合用在对这家店上,对主机厂不能用‘感情’这个词,用你之前说的‘外部组织承诺’,倒是很贴切。我觉得对主机厂是一种工作上的、事业上的承诺,对这家店更多的是一份感情。我也想过如果我哪天离职了肯定不会再卖广丰,不然在未来工作中碰到老同事多尴尬。”受访者 F 谈道:“我认为一个好的销售顾问首先肯定是要对品牌(制造商)有感情的,没有对品牌(制造商)的认可,工作也没有动力,但我觉得更需要对(所工作的)店有感情。好比你前面问我外部组织承诺的问题,如果一个员工对自己的店都没承诺,光靠对主机厂的承诺作用不大。”受访者 C 说:“我在这家店工作很久了,我也看到很多年轻人做几个月就离职了,为什么离职,因为车卖不好。为什么车卖不好,主要是不爱这份工作。一个人如果爱岗敬业,他业绩肯定好。没有笨人,只有不认真的人。我认为一个销售顾问不爱岗、不爱企业,不可能有好的绩效。”

3.3 研究模型修正

通过对深度访谈进行分析,结合相关变量进行文献梳理与总结,本书对初期研究框架进行了修正与完善,修正后的理论模型见图 3-6。本书将跨边界激励作为前因变量,将中间商销售人员工作绩效作为结果变量,将外部组织承诺作为跨边界激励与工作绩效之间的中介变量,将销售人员组织承诺作为销售人员外部组织承诺与工作绩效之间关系的调节变量,对跨边界激励、外部组织承诺与工作绩效之间的逻辑关系进行了研究,模型主要表达了:(1)制造商跨边界激励是外在于中间商销售人员的环境变量,外部组织的激励可以影响员工的工作绩效;(2)中间商销售人员对来自企业外部激励的感受构成销售人员对工作环境的基本评价，他们接受到来自制造商的激励就会对制造商产生相应的情绪反应，即外部组织承诺；(3)销售人员应对外部激励的行为是情绪反应的结果，外部组织承诺对来自企业外部的激励的认知特性，有助于培养销售人员对制造商的认同感、归属感和参与感，有利于促进员工绩效行为；(4)外部组织的激励可以影响销售人员的工作绩效，销售人员对外部激励的心理过程，会影响他们工作的开展，因此，销售人员外部组织承诺在跨企业边界激励与销售人员工作绩效之间起中介作用；(5)销售人员组织承诺在外部组织承诺与工作绩效影响关系之间起调节作用。

综上所述，本书拟探讨制造商跨边界的激励治理是否能够通过经销商销售人员认同和参与，激发员工的外部组织承诺，由此对员工工作绩效产生影响。同时在该影响过程中，是否存在销售人员对雇佣企业的组织承诺调节了外部组织承诺与销售人员绩效之间的关系，以下将具体提出相应的研究假设。

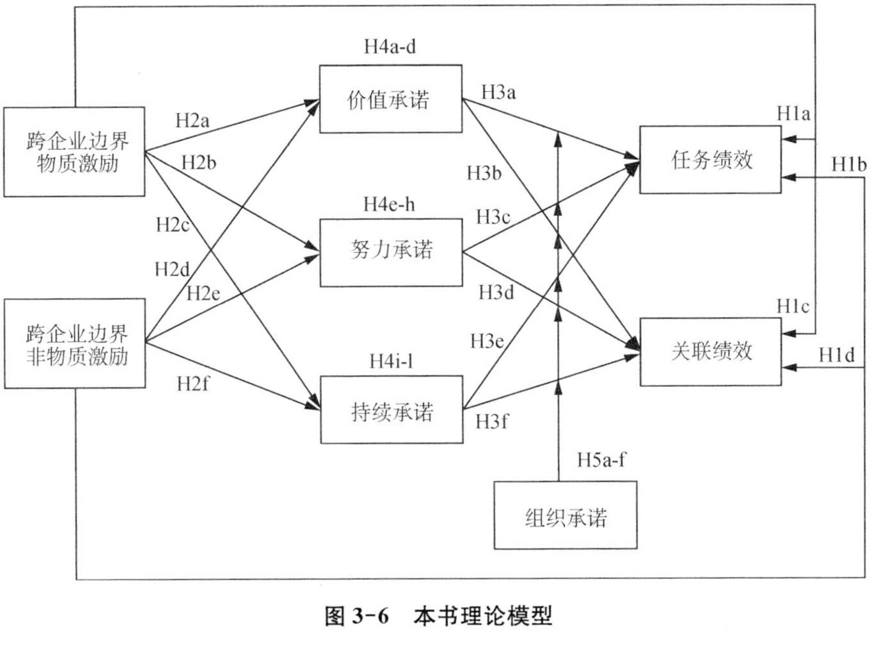

图 3-6　本书理论模型

3.4　理论假设

本书将跨企业边界激励作为前因变量，将中间商销售人员工作绩效作为结果变量，将外部组织承诺作为跨企业边界激励与工作绩效之间的中介变量，将组织承诺作为外部组织承诺与销售人员绩效之间关系的调节变量，对跨企业边界激励、外部组织承诺与工作绩效之间的逻辑关系进行研究。

3.4.1 跨边界激励与工作绩效的关系假设

一个人用自己的时间和精力来换取金钱回报一直被视为劳动的标准模型（Heyman 和 Ariely，2004）。委托代理理论和激励理论都认为，绩效是以业绩指标为基础的激励措施的函数。激励机制设计和实施的目标是通过激励措施引导代理人的行动，以实现委托人利益最大化（Ronen 和 Livingstone，1975；Demski 和 Feltham，1978）。根据社会交换理论，员工为了获得组织的物质奖励，会做出组织期望的行为（Bottom 等，2006）。也就是说，员工完成企业目标、为企业创造收益，作为交换和补偿就会从企业得到应有的报酬和奖励。Eisenberger 等（1986）强调金钱奖励等外在激励使得员工愿意投入更多的时间和精力去发展工作技能，为工作绩效提供了正面强化。物质激励生效的原因是满足个体对物质奖励的间接需求，但物质激励并不能直接改变个体对行为本身的态度。不少学者也发现，非物质激励比如企业文化、个人发展机会、职业前景、学习等对员工工作绩效的影响也很明显。吕涛和聂锐（2009）通过实证发现，内在动机、职业因素和文化因素对销售人员工作绩效产生直接的正向影响。而有学者研究发现，非物质激励比如工作设计激励等，在多任务情况下能够激励员工的绩效和工作努力（Fehr 和 Gächter，2002）。本书所指的跨企业边界激励并不是来自员工所属的雇佣组织，而是来自外部制造商。在营销实践中，中间商销售人员往往受到雇佣企业和制造商的联合激励（joint reward）影响。Arndt 等（2011）在对汽车经销商销售人员访谈中发现，汽车制造商通过对中间商销售人员进行直接激励以提升特定商品的销售量（Arndt 等，2011）。Caldieraro 和 Coughlan（2007）通过研究指出制造商对中间商销售人员的直接物质激励能够增加渠道整体利润，促进渠道关系协同，并认为制造商跨企业边界激励能够缓解销售中的低效率问题，增加制造商的销量和利润。郑鑫和叶明海（2014）通过对汽车经销商销售人员的实证研究，证明制造商跨企业边界激励和销售人员工作绩效之间存在正相关关系。根据上述分析可以判断出，制造商跨企业边界激励作为外部刺激能加强销售人员对该制造商的认同，并鼓励销售人员积极支持制造商，进一步作用于销售人员的工作绩效。因此，本书提出假设：

H1：制造商跨边界激励对中间商销售人员工作绩效有正向影响。

H1a：制造商跨边界物质激励对中间商销售人员的任务绩效有正向影响。

H1b：制造商跨边界非物质激励对中间商销售人员的任务绩效有正向影响。

H1c：制造商跨边界物质激励对中间商销售人员的关联绩效有正向影响。

H1d：制造商跨边界非物质激励对中间商销售人员的关联绩效有正向影响。

3.4.2　跨边界激励与外部组织承诺的关系假设

通过前文文献梳理可以发现，对于激励对组织承诺的正向影响的问题，学术界已经基本上达成了共识。组织激励（包括甄选、培训、经济报酬、团队激励、绩效奖金、目标明确的绩效评价等）可以提升员工为组织贡献的意愿程度，提高员工的组织承诺水平。Liu 等（2001）研究发现企业薪酬激励与组织承诺之间存在显著正相关关系；刘小平和王重鸣（2002）通过实证研究发现，组织支持等激励因素与员工组织承诺中的情感承诺呈现正相关的关系。此外，王晓玲（2009）通过实证研究证明在制造业和服务业中，培训（非物质激励）与组织承诺之间有显著的正向关系。虽然，一些学者研究发现物质激励与员工绩效存在不稳定的关系，但本书的研究对象是一线销售人员，有研究发现物质奖励作为组织对员工的认同和肯定，能够强化和引导一线服务人员向组织所倡导的方向而努力，可以正向影响一线服务人员的工作满意度和组织承诺。

虽然学术界对组织激励与组织承诺的研究成果十分丰富，但一个组织的激励因素对另一个组织雇员外部组织承诺影响的研究尚处于起步阶段。社会交换理论认为当激励主体给予激励客体更多奖励、支持或认同时，激励客体会对激励主体回报更多行为上的积极反馈，以及情感上的承诺和认同。因此，不论激励主体来自雇佣组织还是外部制造商，中间商销售人员感知制造商跨边界激励水平越高，越可能对外部制造商产生情感上的认同，从而对制造商产生承诺。制造商通过跨边界激励鼓励中间商销售人员认可制造商的价值观和发展目标，并使中间商销售人员把自己的个人目标与制造商目标协调一致，把自己看成是制造商“营销网络的一员”，乐意在该制造商营销渠道中工作，也希望制造商能够获得持续发展。这样，销售人员在工作中，除了重视短期的销售业绩外，还非常重视制造商的长期获利能力，重视客户关系的培养、维护和保持，重视提升客户关系质量。McElroy 等(2001)认为，外部组织承诺并不是一个普遍性结构，而是一种具体性结构。比如与多个供应商有直接接触的边界人员，对每一供应商表现出来的承诺程度是不同的。因此，不同的制造商采用跨边界激励策略对中间商销售人员的心理影响也是有区别的。Grawe 等(2012)在对物流服务供应商外派人员外部组织承诺研究中，证明了外派员工越是感受到来自用工企业的支持，越可能产生对用工企业的认同感，从而产生更高水平的外部组织承诺。在深度访谈中，受访者表示制造商的跨边界激励让他们产生对制造商的认同，也更加愿意投入更多的努力。因此，本书提出假设：

H2：跨边界激励能够对中间商销售人员外部组织承诺产生直接的正向影响。

H2a：跨边界物质激励能够对中间商销售人员外部组织价值承诺产生直接的正向影响。

H2b：跨边界物质激励能够对中间商销售人员外部组织努力承诺产生直接的正向影响。

H2c：跨边界物质激励能够对中间商销售人员外部组织持续承诺产生直接的正向影响。

H2d：跨边界非物质激励能够对中间商销售人员外部组织价值承诺产生直接的正向影响。

H2e：跨边界非物质激励能够对中间商销售人员外部组织努力承诺产生直接的正向影响。

H2f：跨边界非物质激励能够对中间商销售人员外部组织持续承诺产生直接的正向影响。

3.4.3 外部组织承诺与工作绩效的关系假设

现有研究普遍证明组织承诺与工作绩效间存在正相关关系（Allen 和 Meyer，1996；Cohen，1991；Mathieu 和 Zajac，1990；Organ 和 Ryan，1995；Randall，1990；Riketta，2002）。具有较高组织承诺的员工会主动增加工作投入,能够创造更高的个人工作绩效,从而提升组织整体绩效水平。

本书认为外部组织承诺同样会对工作绩效产生正向的影响。作为渠道边界人员,销售人员肩负着传递高质量商品服务、客户满意度和组织绩效的重要作用(Hartline 和 Ferrell, 1996)。McElroy 等(2001)认为,当处于跨边界角色的员工在心理上与外部组织产生联系时,外部组织和雇佣组织的利益都会增加。Hughes 和 Ahearne(2010)研究了品牌认同对于渠道中间商与中间商销售人员的激励作用,研究发现销售人员对于特定制造商品牌的认同,将提升他们的销售努力,从而提升他们的工作绩效(Hughes 和 Ahearne, 2010)。Grawe 等(2012)通过实证研究发现,外派员工的外部组织承诺会引导他们做出超越工作使命的表现,产生出更高的工作绩效。而 Siders 等(2001)通过研究发现,销售经理对制造商的外部组织承诺并不一定使销售量实现增长,但确实有助于建立良好的"制造商—中间商"关系。在深度访谈中,受访者也表示对制造商越认可,越愿意积极参与到制造商产品的市场营销活动中,从而提升自身的工作绩效。销售人员在工作中,除了重视短期的销售业绩外,还非常关注客户关系的培养、维护和保持,注重提升客户关系质量,重视渠道整体的长期获利能力。销售人员越是认为外部组织是值得信赖的和可靠的,越会在业务往来中保持良好的关系,从而提高自己的工作绩效。综上所述,本书提出假设:

H3:中间商销售人员外部组织承诺对其工作绩效产生正向影响。

H3a:中间商销售人员外部组织价值承诺对其任务绩效产生正向影响。

H3b:中间商销售人员外部组织价值承诺对其关联绩效产生正向影响。

H3c:中间商销售人员外部组织努力承诺对其任务绩效产生正向影响。

H3d:中间商销售人员外部组织努力承诺对其关联绩效产生正向影响。

H3e:中间商销售人员外部组织持续承诺对其任务绩效产生正向影响。

H3f:中间商销售人员外部组织持续承诺对其关联绩效产生正向影响。

3.4.4 外部组织承诺在跨边界激励与工作绩效之间的中介效应假设

大量的研究发现,组织激励对员工工作绩效的影响主要来自员工的工作动机、情绪以及员工对组织的认同和态度。其中,员工对组织的承诺与组织激励存在相互作用,组织激励通过形成员工对组织的承诺,从而影响员工的工作行为和工作绩效。有学者通过实证研究发现,组织激励因素(包括薪酬激励、培训和晋升等)能够通过提升员工的组织承诺,从而提高组织绩效。王玉梅等(2012)研究发现,一线员工的情感变量是解释员工激励与绩效的完全中介变量,增加一线员工工作技能的培训激励有助于提升他们的情感承诺。其次,组织激励作为组织对员工的一种情感和行为认同,能够引导员工行为向组织所期望的方向努力。同时,员工的组织承诺越高,越能创造更高的工作绩效,从而提高组织绩效水平。

本书关注制造商对中间商销售人员的跨边界激励对销售人员工作绩效的内在作用机理。在营销实践中,许多制造商都致力于通过对中间商销售人员的激励实现渠道治理和渠道高绩效表现。但制造商的激励机制并没有带来期望中的高绩效。本书认为,在对个体的绩效行为影响过程中,除了员工所在组织,来自组织外部的激励同样通过个体的动机、情感、态度等认知过程对员工行为产生作用。来自组织外部的激励是自变量,工作绩效是因变量,而动机、情绪和态度是引发行为产生的中介变量。通过对个体的态度和情感的研究可以打开制造商跨边界激励对销售人员工作绩效影响的内部"黑箱"。也就是说,外部组织激励对中间商销售人员工作绩效产生影响的原因是满足了个体对奖励的间接需求,但激励并不能直接改变个体对行为本身的态度。从心理学视角分析,当制造商采用各种激励措施引导中间商销售人员完成制造商所期望的行为时,个体能明显感觉到制造商对自身高绩效行为的鼓励,并且清楚地知道制造商会对其高绩效的表现予以评价。Hughes 和 Ahearne(2010)认为,在长期的互动过程中,制造商与中间商销售人员产生了一定的心理联系,因而制造商对销售人员的激励,更有助于提高销售绩效。由此可见,制造商跨边界激励赋予销售人员一种外部影响力,会直接作用于个体对高工作绩效行为的认知。当员工感知到外部组织的支持时,就会产生更高的认同感,从而采取更多的行为来提高绩效(汪新艳等,2009)。如果中间商销售人员认为他们能获得制造商对其高绩效行为的奖励,那么他们会产生对制造商的价值观和企业发展目标的认同,并积极参与、努力实现制造商的目标。因此,本书认为探讨跨边界激励与中间商销售人员工作绩效之间关系仅是表层探讨。实际上,制造商跨边界激励实质上影响了中间商销售人员对制造商的外部组织承诺,而对制造商的外部组织承诺又对员工的工作绩效产生直接作用。换而言之,中间商销售人员越是能感知到来自制造商的直接激励，越是能产生对制造商的认同感和参与感，从而在一定程度上提高自己的工作绩效。因此，销售人员外部组织承诺在跨边界激励影响中间商销售人员绩效中起着中介作用。因此，本书提出假设：

H4：中间商销售人员外部组织承诺在制造商跨边界激励与工作绩效之间起中介作用。

H4a：销售人员外部组织价值承诺在制造商跨边界物质激励与任务绩效之间起中介作用。

H4b：销售人员外部组织价值承诺在制造商跨边界非物质激励与任务绩效之间起中介作用。

H4c：销售人员外部组织价值承诺在制造商跨边界物质激励与关联绩效之间起中介作用。

H4d：销售人员外部组织价值承诺在制造商跨边界非物质激励与关联绩效之间起中介作用。

H4e：销售人员外部组织努力承诺在制造商跨边界物质激励与任务绩效之间起中介作用。

H4f：销售人员外部组织努力承诺在制造商跨边界非物质激励与任务绩效之间起中介作用。

H4g：销售人员外部组织努力承诺在制造商跨边界物质激励与关联绩效之间起中介作用。

H4h：销售人员外部组织努力承诺在制造商跨边界非物质激励与关联绩效之间起中介作用。

H4i：销售人员外部组织持续承诺在制造商跨边界物质激励与任务绩效之间起中介作用。

H4j：销售人员外部组织持续承诺在制造商跨边界非物质激励与任务绩效之间起中介作用。

H4k：销售人员外部组织持续承诺在制造商跨边界物质激励与关联绩效之间起中介作用。

H4l：销售人员外部组织持续承诺在制造商跨边界非物质激励与关联绩效之间起中介作用。

3.4.5 组织承诺对外部组织承诺与销售人员工作绩效的调节作用假设

组织承诺是员工希望留在组织中的一种心理现象，很容易影响员工对其工作的心理印象，是促使员工保持高工作绩效行为的心理契约（Becker，1960）。具有较高组织承诺的员工，无论是基于物质奖励的交换关系，还是基于对于组织价值观和发展目标的认同，继续维持与组织关系的意愿也较高。高组织承诺既能直接影响员工对外部供应商或客户的认知，也能影响员工在工作中的投入和努力。从这个角度来说，组织承诺的高低显然能够影响对外部组织承诺与员工行为结果（工作绩效）二者之间关系的强弱。Webber（2011）聚焦于信息技术行业个体的双重承诺（对服务组织的承诺和对客户组织的承诺）如何影响客户的满意度及口碑，构建了双重承诺研究模型。研究结果显示，两方面承诺均能够促进客户忠诚的形成；更重要的是，相比仅对雇佣组织高度承诺的个体而言，对客户组织高度外部组织承诺的个体更容易获得客户的忠诚。可见，两重承诺并非表现为稳定的正向促进关系；在一定情况下，某一重承诺的提升甚至反而会导致另一重承诺的弱化（莫申江等，2011）。

McElroy 等（2001）认为，员工对雇佣企业的组织承诺将对其外部组织承诺与行为结果间的关系产生影响——组织承诺可能对外部组织承诺与工作绩效的关系产生调节。如果一个销售人员对外部组织具有较高程度的承诺，那么其很可能参与外部组织公民行为，以增加对外部组织的满意度，以及对他们的依赖，带来更多的业务，提高自己的工作绩效、权利和影响力，甚至增加潜在的工作机会。但根据认知理论，当员工的组织承诺比较高时，如果外部组织承诺导致员工的工作绩效较低，员工对雇佣组织的高度认同和深度情感就会与低外部组织承诺所产生的消极态度之间存在认知上的失调。为了减少这种认知上的失调，员工就必须寻求各种合理化的解释。因此，即便较低的外部组织承诺导致了较低的工作绩效，员工为了寻求继续留在组织中的合理性，就会对当前的工作状态和工作情绪进行调整，保持与高组织承诺感受的一致性，进而产生调节作用。由此，本书提出如下假设：

H5：组织承诺在中间商销售人员外部组织承诺与工作绩效之间起到调节作用，即组织承诺越高，销售人员外部组织承诺对工作绩效的作用就较明显。

H5a:组织承诺在中间商销售人员外部组织价值承诺与任务绩效之间起到调节作用,即组织承诺越高,销售人员外部组织价值承诺对任务绩效的作用就较明显。

H5b:组织承诺在中间商销售人员外部组织价值承诺与关联绩效之间起到调节作用,即组织承诺越高,销售人员外部组织价值承诺对关联绩效的作用就较明显。

H5c:组织承诺在中间商销售人员外部组织努力承诺与任务绩效之间起到调节作用,即组织承诺越高,销售人员外部组织努力承诺对任务绩效的作用就较明显。

H5d:组织承诺在中间商销售人员外部组织努力承诺与关联绩效之间起到调节作用,即组织承诺越高,销售人员外部组织努力承诺对关联绩效的作用就较明显。

H5e:组织承诺在中间商销售人员外部组织持续承诺与任务绩效之间起到调节作用,即组织承诺越高,销售人员外部组织持续承诺对任务绩效的作用就较明显。

H5f:组织承诺在中间商销售人员外部组织持续承诺与关联绩效之间起到调节作用,即组织承诺越高,销售人员外部组织持续承诺对关联绩效的作用就较明显。

3.5　本章小结

本章首先对关系营销和组织承诺研究的经典模型进行了回顾和分析,构建了制造商跨边界激励、中间商销售人员外部组织承诺和工作绩效关系的研究模型。在上述模型的理论支撑下,以前两章基础理论和文献综述为基础,以本书将要解决的问题为目标导向,提出了基于外部组织承诺的跨边界激励对中间商销售人员工作绩效影响的分析框架。遵从分析框架,本书从跨边界激励、销售人员外部组织承诺对工作绩效的影响,以及销售人员组织承诺在销售人员外部组织承诺对工作绩效影响关系中的调节作用进行了较为全面的理论演绎,建立了相应的研究假设。本章提出的具体假设如表 3-4 所示。

表 3-4　　假设汇总

编号	假设内容	预期关系
H1a	制造商跨边界物质激励对中间商销售人员的任务绩效有正向影响	+
H1b	制造商跨边界非物质激励对中间商销售人员的任务绩效有正向影响	+
H1c	制造商跨边界物质激励对中间商销售人员的关联绩效有正向影响	+

（续表）

编号	假设内容	预期关系
H1d	制造商跨边界非物质激励对中间商销售人员的关联绩效有正向影响	+
H2a	跨边界物质激励能够对中间商销售人员外部组织价值承诺产生直接的正向影响	+
H2b	跨边界物质激励能够对中间商销售人员外部组织努力承诺产生直接的正向影响	+
H2c	跨边界物质激励能够对中间商销售人员外部组织持续承诺产生直接的正向影响	+
H2d	跨边界非物质激励能够对中间商销售人员外部组织价值承诺产生直接的正向影响	+
H2e	跨边界非物质激励能够对中间商销售人员外部组织努力承诺产生直接的正向影响	+
H2f	跨边界非物质激励能够对中间商销售人员外部组织持续承诺产生直接的正向影响	+
H3a	中间商销售人员外部组织价值承诺对任务绩效产生正向影响	+
H3b	中间商销售人员外部组织价值承诺对关联绩效产生正向影响	+
H3c	中间商销售人员外部组织努力承诺对任务绩效产生正向影响	+
H3d	中间商销售人员外部组织努力承诺对关联绩效产生正向影响	+
H3e	中间商销售人员外部组织持续承诺对任务绩效产生正向影响	+
H3f	中间商销售人员外部组织持续承诺对关联绩效产生正向影响	+
H4a	销售人员外部组织价值承诺在制造商跨边界物质激励与任务绩效之间起中介作用	+
H4b	销售人员外部组织价值承诺在制造商跨边界非物质激励与任务绩效之间起中介作用	+
H4c	销售人员外部组织价值承诺在制造商跨边界物质激励与关联绩效之间起中介作用	+
H4d	销售人员外部组织价值承诺在制造商跨边界非物质激励与关联绩效之间起中介作用	+
H4e	销售人员外部组织努力承诺在制造商跨边界物质激励与任务绩效之间起中介作用	+

（续表）

编号	假设内容	预期关系
H4f	销售人员外部组织努力承诺在制造商跨边界非物质激励与任务绩效之间起中介作用	+
H4g	销售人员外部组织努力承诺在制造商跨边界物质激励与关联绩效之间起中介作用	+
H4h	销售人员外部组织努力承诺在制造商跨边界非物质激励与关联绩效之间起中介作用	+
H4i	销售人员外部组织持续承诺在制造商跨边界物质激励与任务绩效之间起中介作用	+
H4j	销售人员外部组织持续承诺在制造商跨边界非物质激励与任务绩效之间起中介作用	+
H4k	销售人员外部组织持续承诺在制造商跨边界物质激励与关联绩效之间起中介作用	+
H4l	销售人员外部组织持续承诺在制造商跨边界非物质激励与关联绩效之间起中介作用	+
H5a	组织承诺在中间商销售人员外部组织价值承诺与任务绩效之间起到调节作用;即组织承诺越高,销售人员外部组织价值承诺对任务绩效的作用就越明显	+
H5b	组织承诺在中间商销售人员外部组织价值承诺与关联绩效之间起到调节作用;即组织承诺越高,销售人员外部组织价值承诺对关联绩效的作用就越明显	+
H5c	组织承诺在中间商销售人员外部组织努力承诺与任务绩效之间起到调节作用;即组织承诺越高,销售人员外部组织努力承诺对任务绩效的作用就越明显	+
H5d	组织承诺在中间商销售人员外部组织努力承诺与关联绩效之间起到调节作用;即组织承诺越高,销售人员外部组织努力承诺对关联绩效的作用就越明显	+
H5e	组织承诺在中间商销售人员外部组织持续承诺与任务绩效之间起到调节作用;即组织承诺越高,销售人员外部组织持续承诺对任务绩效的作用就越明显	+
H5f	组织承诺在中间商销售人员外部组织持续承诺与关联绩效之间起到调节作用;即组织承诺越高,销售人员外部组织持续承诺对关联绩效的作用就越明显	+

第 4 章 >>>

实证研究设计

本章实证研究设计是在相关文献梳理、模型构建与研究假设的基础上，将研究模型设计和研究设想落实到实证研究的过程，为后续的数据分析与假设检验，以及研究结果分析做准备。科学严谨的实证研究设计是获得真实、可靠的研究结论的关键环节。本章将说明本研究实证研究设计环节中变量测量、调研问卷设计与修正、预调研等方面的内容，为第 5 章数据分析与假设检验做准备。

4.1 变量测量

通过前期相关文献的整理和研究发现，学术界对跨边界激励、销售人员工作绩效、外部组织承诺以及组织承诺的结构维度构成尚未形成完全统一的观点。本书的核心概念包括跨边界激励、销售人员外部组织承诺、销售人员工作绩效和组织承诺。其中，对于组织承诺和工作绩效两个核心概念，学者们已通过大量研究，形成了相对权威的调查量表。因此，对于测量组织承诺和工作绩效的量表，本书使用直接翻译成中文的国外权威量表，并结合中国研究背景略作修改的方法来进行设计。另一方面，目前对跨边界激励和外部组织承诺进行测度的研究十分匮乏。因此，对于跨边界激励和外部组织承诺的测度，本书采用质性研究，通过深度访谈和情境化的量表开发方法设计量表。借鉴现有文献关于企业内部激励和组织承诺维度内涵的阐释，结合深度访谈获取的资料，确定跨边界激励和外部组织承诺的维度结构。深度访谈印证了两种跨边界激励类型的存在：跨边界物质激励和非物质激励。结合之前学者的研究，借鉴企业内部激励量表对跨边界激励实现测度。深度访谈还印证了三种外部组织类型的存在：价值承诺、努力承诺和持续承诺。然后，寻找与维度内涵相似的成熟量表。在此基础上，结合中国情境下中间商销售人员的特征进行适当修改，形成跨边界激励和外部组织承诺的初始量表。总体来讲，本书基于对权威量表的筛选，并与跨边界激励和中间商销售人员特点相结合，最终完成量表设计。

4.1.1 跨边界激励维度构建

根据本书文献综述中对激励维度的梳理回顾，按照激励要素形式，将组织激励划分为物质激励和非物质激励两个大类维度，并结合第 3 章探索性研究对跨边界激励维度和各维度内涵的分析，而且进一步通过深度访谈，了解到在汽车制造商渠道治理的实践中，汽车制造商对中间商销售人员的直接激励，可以划分为跨边界物质激励和跨边界非物质激励。

跨边界物质激励是指制造商直接向中间商销售人员提供的物质和货币方面的满足。期望理论认为个体行为会受到物质利益的驱使。当获得的物质激励大于其付出的成本时，为了获得物质奖励，员工会做出企业所期望的行为。物质激励的出发点是不断满足销售人员的生理以及生活需要（金辉等，2011）。在深度访谈中，受访者谈到制造商跨边界物质激励一般包括现金、礼品和购车优惠等。物质激励往往与工作绩效直接相关，是经济上的、有力的短期激励，是销售人员完成某个特定任务获得的直接奖励。在访谈中，有受访者表示某些汽车制造商针对新车或库存车，制定相应的短期激励政策或销售支援政策，以推动特定车型的销售。

跨边界非物质激励是指制造商为实现自身目标，运用物质激励以外的措施，通过影响中间商销售人员的内在需求或动机，从而强化或引导他们的行为的激励过程。非物质激励策略较少直接将奖励与工作绩效连接起来（Holmstrom 和 Milgrom，1994）。在深度访谈中，受访者表示专业技能培训、荣誉称号、年会邀请、杂志专访等都属于制造商提供的非物质激励的范畴。

由于目前对于物质激励和非物质激励进行测度的研究较少，本书主要参考了郑鑫和叶明海（2014）关于制造商跨边界激励量表，刘枭（2011）关于组织激励量表，以及 Podsakoff 等（1984）的领导权变激励量表，并结合对访谈资料的收集整理形成了制造商跨边界激励量表（表 4-1）。

表 4-1　　制造商跨边界激励的测量

变量维度	问项编码	题项	测量依据
跨边界激励	MM1	制造商会根据中间商销售人员的销售绩效给予一定奖金	郑鑫和叶明海(2014);深度访谈
	MM2	制造商会根据销售人员的销售绩效给予一定积分,可以兑换礼品、旅游等	
	NMM1	制造商会根据经销商销售人员的需求,开展相应的培训	刘枭(2011);Pearce 等(1994);郑鑫和叶明海(2014);深度访谈
	NMM2	制造商会根据经销商销售人员的销售绩效授予一些荣誉称号,如销售明星等	
	NMM3	制造商会为经销商销售人员提供一定的销售支援	
	NMM4	制造商会定期安排同行间交流活动	
	NMM5	制造商会对表现优异的经销商销售人员进行通报表彰	

4.1.2　外部组织承诺维度构建

根据本书文献综述中对组织承诺维度以及外部组织承诺相关研究进行的梳理回顾,外部组织承诺是指一个员工对另一个组织的认同和参与。在外部组织承诺研究中,Grawe 等(2012)和 Siders 等(2001)对外部组织承诺研究所使用的量表都是测量组织承诺的成熟量表,比如 Grawe 等的研究参考了 Piercy 等(2006)的组织承诺问卷;Siders 等的研究参考了 Becker 等(1996)的组织承诺问卷。

在组织承诺研究中,学者们对组织承诺的测量使用多种不同的量表,主要包括 Allen 和 Meyer(1990)从情感承诺、持续承诺和规范承诺三个维度设计的组织承诺量表,以及 Mowday 等(1979)设计的组织承诺量表。在本研究中,由于中间商销售人员与制造商不属于同一组织,长期互动中,中间商销售人员虽然对制造商产生了承诺,但更加偏向对制造商价值观和发展目标的认同。深度访谈的结果也证实了这个想法,有受访者表示,“我觉得对主机厂是一种工作上的承诺,对店更多的是一份感情”“‘感情’这个词我觉得比较适合用在我工作的这家店,对主机厂我觉得不能用‘感情’这个词”。受访者对制造商的承诺更多体现在对制造商价值观和品牌的认同,并愿意投入更大的努力为制造商目标实现作出贡献。

外部组织承诺更强调一个组织的员工对另外一个组织存在的认同和参与关系。本书参考 Mowday 等(1979,1982)的研究,将外部组织承诺的维度划分为:(1)价值承诺是指中间商销售人员认同和接受制造商的目标与价值观。(2)努力承诺是指中间商销售人员愿意为制造商的利益付出更多的努力。(3)持续承诺是指中间商销售人员具有与制造商维持长期的合作关系的强烈愿望(表 4-2)。

表 4-2　　销售人员外部组织承诺的测量

变量维度	问项编码	题项	测量依据
价值承诺	EOC1	我向朋友介绍自己的工作时,会介绍自己销售的是该制造商的产品	Steers, Mowday 和 Boulian (1974);深度访谈
	EOC2	我的价值观与该制造商的很相似	
	EOC3	我以自己能成为该制造商的销售人员而自豪	
	EOC4	该制造商鼓励我在工作绩效中做到最好	
	EOC5	我很高兴选择了销售该品牌的产品而不是其他的品牌	
	EOC6	这家制造商可能是我合作过的最好的一家	
努力承诺	EOC7	我愿意投入巨大的努力,帮助制造商获得成功	Mowday, Steers 和 Porter (1979);深度访谈
	EOC8	为了改善我的销售绩效,我愿意学习更新、更好的专业知识	
	EOC9	我很关心该制造商未来的发展	
持续承诺	EOC10	我对该制造商没有什么忠诚可言	Mowday, Porter 和 Steers (1982);深度访谈
	EOC11	继续销售这个品牌的产品,不会带来什么好处	
	EOC12	我经常很难同意该制造商的一些针对经销商销售人员的政策	

4.1.3 销售人员工作绩效维度构建

测量销售人员绩效有两种方法，一种是客观测量法，通过客观的数据来度量销售人员绩效；另一种是主观测量法，通过受访者主观评价来测量销售人员绩效(Merchant, 1981)。一些学者认为通过客观数据度量能够更加准确地测量销售人员绩效，但由于销售绩效指标可能涉及一个企业的商业机密，采用客观测量法会给受访者带来不便。因此，对销售人员绩效的测量普遍采用主观测量法。Sohi(1996)指出尽管通过主观测量法调查得出的结果存在一定的误差，但是此种误差不会随着受访者的不同而有系统性的差异，具有很高的可信度。Churchill 等(1985)研究认为使用主观测量法并不会导致受访者抬升绩效的问题，且与客观测量法的结果相同。因此，本书采用主观测量方法来度量一线销售人员的销售绩效。

本书对工作绩效的测量维度采用的是 Borman 和 Motowidlo(1993)的研究成果，其将工作绩效分为任务绩效和关联绩效。其中，任务绩效是指与销售人员的销售工作直接相关的绩效，包括工作目标、工作任务、工作质量等。任务绩效量表采用的是 William 等(1991)开发的量表。关联绩效是指销售人员在除与销售工作直接相关的任务中取得的成绩，比如有创新精神、工作外表现、有效沟通等。关联绩效量表采用的是 Borman 和 Motowidlo(1993)开发的量表(表 4-3)。

表 4-3 销售人员工作绩效的测量

变量维度	问项编码	题项	测量依据
任务绩效	JP1	我总是能够顺利达到计划的工作目标	William 和 Anderson (1991); Farh 和 Cheng (1997)
	JP2	我总是在规定的时间内完成工作任务	
	JP3	我的工作质量能保持很高水准，且很少犯错误	
	JP4	我的工作效果能得到大家的认同	
	JP5	我完成的工作任务符合自己的期望和上级的要求	
	JP6	我经常在现有工作基础上，自我创新，提出更为完善或高效的工作方法	

（续表）

变量维度	问项编码	题项	测量依据
关联绩效	JP7	我非常愿意尽自己最大的努力做好工作	Boman 和 Motowidlo (1993)；王弘钰(2010)
	JP8	我经常主动承担本职工作以外的工作	
	JP9	我努力提高自身综合素质以提高工作效率	
	JP10	我主动请求具有挑战性的工作	
	JP11	我关注公司的运营情况，为公司发展献计献策	
	JP12	我主动与同事沟通并相处融洽	

4.1.4　组织承诺维度构建

组织承诺是个体对特定组织的认同程度及工作投入程度。随着组织承诺研究的深化，国内外学者关于组织承诺的研究成果十分丰富。本书采用 Porter，Steers，Mowday 和 Boulian(1979)有关组织承诺的量表，共 16 个题项(表 4-4)。Porter 等(1979)开发的组织承诺量表主要测量受访者对其所属组织的承诺程度，包括受访者对组织目标和价值的接受程度、对组织的忠诚度以及达成组织目标的意愿强度；题目包括了对员工态度及行为倾向的策略，而且强调员工对组织在道德上的投入。该量表在不同文化背景的员工中获得了良好的一致性检验。因此，本书并没有对 Porter 等开发的组织承诺量表进行修改。

表 4-4　　组织承诺的测量

变量维度	问项编码	题项	测量依据
组织承诺	OC1	我会对我的朋友说：我工作的公司是一个值得效劳的公司	Porter 等 (1979)；Mowday 等 (1979)
	OC2	为了能继续留在本公司做事，公司指派给我的任何工作，我都愿意接受	
	OC3	我发现我个人的价值观与公司的经营理念十分相似	
	OC4	当我对别人提起自己是这家公司的一员时我会觉得很自豪	
	OC5	本公司能够鼓舞我尽力发挥所长	

（续表）

变量维度	问项编码	题项	测量依据
组织承诺	OC6	我很庆幸当年找工作时，选择这家公司而不是其他公司	Porter 等(1979)；Mowday 等(1979)
	OC7	本公司可能是我工作过的公司中最好的一家	
	OC8	我愿付出额外的努力，以使公司获得成功	
	OC9	为了改善我在这家公司的绩效，我愿意追求更新、更好的专业知识	
	OC10	我十分关心公司的前景	
	OC11	为了能对这家公司有更大的贡献，我愿意继续进修，以便充实专业知识	
	OC12	我目前所具有的专业知识和经验已足以应付我在这家公司的职务需要，继续进修是不必要的	
	OC13	我对公司几乎没什么忠诚可言	
	OC14	继续待在这家公司，不会有什么好处	
	OC15	我经常很难同意公司的一些与员工有关的重要政策	
	OC16	我决定在这家公司做事，显然是件错误的事	

4.2 调研问卷设计与修正

4.2.1 调研问卷设计

根据前文理论模型构建、研究假设以及模型变量测量的研究，本书的调查问卷主要包括对跨企业边界激励、销售人员外部组织承诺、工作绩效和组织承诺等变量进行测量。结合上述变量测量问题的研究成果，本书参考了部分研究中具有较高价值和质量的量表。本书在借鉴国内外成熟量表的同时，结合本书研究背景和研究对象的特点，对参考量表加以修正，形成本书最终的调研量表。

（1）问卷设计步骤。为确保问卷的信度和效度，问卷设计主要经过三个主要步骤：第一步，系统阅读和梳理国内外相关研究文献，借鉴已有研究成果，选择变量的测量量表；第二步，针对问卷的题项，与中间商销售经理以及销售人员交流讨论，了解他们对相关题项的理解程度，并结合他们提出的意见进行调整和修改；第三步，问卷预调研。在问卷的内容基本确定之后，进行小范围的问卷预调研，对问卷变量进行信度和效度分析。

（2）问卷表现形式。问卷主要以客观选择题和主观打分题为主。客观选择题是请被调查者选择与企业客观情况最为接近的描述选项。主观打分题是采用五级李克特量表，请被调查者根据工作情况，对所述的问项进行打分。5 分为描述与工作的实际情况非常相符，被调查者非常同意这种描述；1 分为描述与企业实际情况非常不相符，被调查者非常不同意这种描述。

4.2.2　调研问卷预测试与修正

针对问卷的内容和结构，在探访了多位教授和研究学者的基础上，根据他们提出的宝贵意见对问卷进行了修正。为了提高调研问卷的科学性和可靠性，在正式发放问卷之前进行了一次小样本的预测试，以发现和删除潜在的问题，减少正式调研的测量误差。预测试进行了三轮，每次调研后都对量表中的问题进行了修正。

第一轮，首先挑选了 5 家汽车 4S 店，并对 4S 店销售经理和一线销售顾问进行了问卷调研，并对他们回答的情况做了记录。在问卷完成后，把本次研究的目的与受访者进行了沟通，了解了他们对量表中各个测量指标的理解。在调研后，对产生理解偏差的题项进行了修正。第二轮，再次请这 5 家 4S 店的销售经理和一线销售顾问对修改后的量表进行测试，以检验修改后的描述是否能消除第一轮出现的理解偏差。根据测试结果，又对量表中个别题项的措辞进行了修改。第三轮，邀请另外 7 家汽车 4S 店的销售经理与一线销售顾问进行了预测试，针对他们提出的问题再次对量表进行了修正。通过三轮预调研，我们对一些题项的表述方式做了修改和完善。这样，最终形成了本书正式采用的问卷，详见附录 2。

4.3 预测试的实施及其结果分析

4.3.1 预测试样本的描述性统计分析

预测试共回收有效问卷 80 份。样本的描述性统计结果如表 4-5 所示。

表 4-5 样本描述性统计

变量	类别	样本数	百分比	累计百分比
性别	男	58	72.50%	72.50%
	女	22	27.50%	100.00%
年龄	21～25 岁	19	23.75%	23.75%
	26～30 岁	30	37.50%	61.25%
	31～35 岁	22	27.50%	88.75%
	36 岁以上	9	11.25%	100.00%
教育程度	高中及以下	2	2.50%	2.50%
	大专	16	20.00%	22.50%
	本科	59	73.75%	96.25%
	硕士及以上	3	3.75%	100.00%
工作年限	3 年以下	26	32.50%	32.50%
	3～5 年	30	37.50%	70.00%
	6～8 年	18	22.50%	92.50%
	9～12 年	6	7.50%	100.00%
岗位	销售人员	74	92.50%	92.50%
	销售经理	6	7.50%	100.00%

4.3.2 预测试的结果分析

预调研的重要目的之一就是对研究量表的效度和信度进行检验，并根据分析结果对量表中的相关题项进行适当修正，进一步明确大样本调查问卷的具体内容，从而确保正式调研量表的可靠性和科学性。研究预调研主要对制造商跨企业边界激励、中间商销售人员外部组织承诺、工作绩效和组织承诺等核心概念进行了效度和信度分析。

1. 预测试问卷的信度分析

在组织行为学的研究中，当使用问卷调查构建和评估测量时，需要考虑测量的准确性和可靠性等问题，常使用信度和效度两个技术性指标（陈晓萍等，2008）。信度是对问卷测量结果准确性、一致性和可靠性的分析指标，信度系数越高说明测量的结果越稳定、越可靠，信度评估测量误差对整体测量影响的程度。小样本测试的目的是提纯变量的题项，检验问卷的内部信度。本书采用 CITC（Corrected-Item Total Correlation）分析，即修正题项的总相关系数分析，以进一步确定测量题项，删除相关性较低的题项，同时利用 Cronbach α 系数检测题项的信度。在李克特量表中，Cronbach α 系数是最为常用的信度检验标准。Cronbach α 系数能够直接反映题项之间的一致性或相关程度，当此系数大于 0.7 时，信度较高（Nunnally，1978）。一般而言，当某题项的 CITC 小于 0.5 时可以考虑删除该题项，但也有学者认为当题项的 CITC 小于 0.35 时才考虑删除。同时，一个辅助原则是：除非删除该题项以后，Cronbach α 系数随之增大，才考虑删除。本书采取的原则是：①当某题项的 CITC 小于 0.5，同时删除该题项后 Cronbach α 系数随之增大时，则删除该题项；②当某题项的 CITC 小于 0.35 时，删除该题项。

（1）跨边界激励的信度分析

跨边界激励的结构维度包括物质激励和非物质激励两个因素，其操作变量的信度分析结果见表 4-6。

表 4-6　　跨边界激励的信度分析（$N=80$）

维度	操作变量	CITC 系数	删除该题项后的 Cronbach α	Cronbach α 值
物质激励	MM1	.737	—	0.848
	MM2	.737	—	
非物质激励	NMM1	.621	.523	0.766
	NMM2	.383	.635	

（续表）

维度	操作变量	CITC 系数	删除该题项后的 Cronbach α	Cronbach α 值
非物质激励	NMM3	.328	.662	0.766
	NMM4	.381	.631	
	NMM5	.426	.613	

从以上对跨边界激励的信度分析可以看出，物质激励量表的 Cronbach α 值为 0.848，非物质激励量表的 Cronbach α 值为 0.766，均高于 0.7，说明这些变量的内部一致性较高，调研题项均符合要求，予以保留。

（2）外部组织承诺的信度分析

外部组织承诺的结构维度包括价值承诺、努力承诺和持续承诺，其操作变量的信度分析结果见表 4-7。从外部组织承诺的信度分析中可以看出，价值承诺的 Cronbach α 值为 0.797，努力承诺的 Cronbach α 值为 0.728，持续承诺的 Cronbach α 值为 0.771，均高于 0.7，说明这些变量的内部一致性很高，各题项均符合要求，予以保留。

表 4-7　　外部组织承诺的信度分析（*N*＝80）

维度	操作变量	CITC 系数	删除该题项后的 Cronbach α	Cronbach α 值
价值承诺	EOC1	.431	.792	0.797
	EOC2	.544	.768	
	EOC3	.625	.748	
	EOC4	.548	.767	
	EOC5	.632	.748	
	EOC6	.536	.770	
努力承诺	EOC7	.502	.432	0.728
	EOC8	.339	.651	
	EOC9	.490	.450	
持续承诺	EOC10	.544	.761	0.771
	EOC11	.611	.685	
	EOC12	.666	.627	

(3) 销售人员工作绩效的信度分析

工作绩效的结构维度包括任务绩效和关联绩效，其操作变量的信度分析结果见表 4-8。

表 4-8 工作绩效的信度分析(*N*=80)

维度	操作变量	CITC 系数	删除该题项后的 Cronbach α	Cronbach α 值
任务绩效	JP1	.550	.640	0.743
	JP2	.499	.653	
	JP3	.506	.654	
	JP4	.267	.737	
	JP5	.563	.626	
	JP6	.442	.735	
关联绩效	JP7	.553	.711	0.757
	JP8	.553	.711	
	JP9	.409	.742	
	J10	.355	.753	
	JP11	.595	.702	
	JP12	.434	.736	

从以上销售人员工作绩效的信度分析可以看出，任务绩效的 Cronbach α 值为 0.743，关联绩效的 Cronbach α 值为 0.757，均高于 0.7，说明这些变量的内部一致性很高，各题项均符合要求，予以保留。

(4) 组织承诺的信度分析

组织承诺的操作变量的信度分析结果见表 4-9。

表 4-9 组织承诺的信度分析(*N*=80)

维度	操作变量	CITC 系数	删除该题项后的 Cronbach α	Cronbach α 值
组织承诺	OC1	.553	.900	0.905
	OC2	.462	.905	

（续表）

维度	操作变量	CITC 系数	删除该题项后的 Cronbach α	Cronbach α 值
组织承诺	OC3	.591	.899	0.905
	OC4	.664	.897	
	OC5	.616	.898	
	OC6	.596	.899	
	OC7	.682	.896	
	OC8	.630	.898	
	OC9	.405	.904	
	OC10	.561	.900	
	OC11	.579	.900	
	OC12	.337	.901	
	OC13	.729	.894	
	OC14	.536	.901	
	OC15	.717	.894	
	OC16	.704	.895	

从以上销售人员组织承诺的信度分析可以看出，组织承诺的 Cronbach α 值为 0.905，高于 0.7，说明变量的内部一致性很高，将 16 个题项全部保留。

2. 预测试问卷的效度分析

效度是指测量结果是否测量了需要测量的内容，即数据的实际测量值与理想值之间的差异程度。效度包括内容效度、构念效度、结构效度和效标关联效度。本书采用因子分析检验问卷的构念效度。检验问卷的结构效度，首先判断各题项是否适合作因子分析，通过探索性因子分析，运用主成分法提取初始特征值大于 1 的因子，计算因子载荷系数；题项的因子载荷系数越大，说明题项与因子的相关性越高、对其组成的共同因子贡献率越高，说明该题项对相应的因子就越有效。衡量变量是否适合做因子分析的指标有 KMO 值和 Bartlett's 球形检验的 p 值。一般认为 KMO 值应大于 0.5，Bartlett's 球形检验的 p 值小于 0.001 表示变量之间的共同因子多，这些变量适合因子分析。如果累计解释的总方差的解释率大于 60%，说明有较高的构念效度。

(1) 跨边界激励的效度分析

根据前述的信度分析，对相关题项做探索性因子分析，得到 KMO 值为 0.717，Bartlett 球体检验的 p 值为 0.000，表明相关题项适合做因子分析和主成分分析，分析结果见表 4-10。

表 4-10　跨边界激励 KMO 和 Bartlett 的检验

取样足够度的 Kaiser-Meyer-Olkin 度量		.717
Bartlett 的球形度检验	近似卡方	146.667
	df	21
	Sig.	.000

在进行因子分析适宜性检验后，本书分别对上述变量进行了探索性因子分析，因子总方差解释表和操作变量的因子载荷见表 4-11。

表 4-11　跨边界激励的总方差解释

成分	初始特征值			提取平方和载入			旋转平方和载入		
	合计	方差的百分比	累积	合计	方差的百分比	累积	合计	方差的百分比	累积
1	2.620	37.425%	37.425%	2.620	37.425%	37.425%	2.210	31.570%	31.570%
2	1.382	19.737%	57.162%	1.382	19.737%	57.162%	1.791	25.592%	57.162%

注：特征值小于 1 的略去，旋转方法为主成分分析法。

探索性因子分析的结果表明，制造商跨边界激励的 7 个项目被划分为 2 个因子，累计解释方差达到 57.162%。其中，有两个项目进入因子 1，MM1、MM2 代表的共同因子是物质激励；有五个项目进入因子 2，NMM1-NMM5 代表的共同因子是非物质激励。本书分别将其命名为制造商跨边界物质激励与制造商跨边界非物质激励（表 4-12）。

表 4-12　跨边界激励操作变量的因子载荷

操作变量	因子 1	因子 2
MM1		.903

（续表）

操作变量	因子 1	因子 2
MM2		.924
NMM1	.852	
NMM2	.572	
NMM3	.661	
NMM4	.620	
NMM5	.711	

（2）外部组织承诺的效度分析

根据前述的信度分析，对外部组织承诺相关题项做探索性因子分析，得到 KMO 值为 0.834，Bartlett 球体检验的 p 值为 0.000，表明相关题项适合做因子分析和主成分分析，分析结果见表 4-13。

表 4-13　　外部组织承诺 KMO 和 Bartlett 的检验

取样足够度的 Kaiser-Meyer-Olkin 度量		.834
Bartlett 的球形度检验	近似卡方	349.480
	df	66
	Sig.	.000

在进行因子分析适宜性检验后，本书分别对上述变量进行了探索性因子分析，因子总方差解释表和操作变量的因子载荷见表 4-14。

表 4-14　　外部组织承诺的总方差解释

成分	初始特征值			提取平方和载入			旋转平方和载入		
	合计	方差的百分比	累积	合计	方差的百分比	累积	合计	方差的百分比	累积
1	4.889	40.745%	40.745%	4.889	40.745%	40.745%	3.123	26.021%	26.021%
2	1.437	11.974%	52.719%	1.437	11.974%	52.719%	2.558	21.321%	47.342%
3	1.120	9.337%	62.055%	1.120	9.337%	62.055%	1.766	14.713%	62.055%

注：特征值小于 1 的略去，旋转方法为主成分分析法。

探索性因子分析的结果表明，中间商销售人员外部组织承诺的 12 个项目被划分为 3 个因子，累计解释方差达到 62.055%。其中，有六个项目进入因子 1，EOC1-EOC6 代表的共同因子是价值承诺；有三个项目进入因子 2，EOC7-EOC9 代表的共同因子是努力承诺；有三个项目进入因子 3，EOC10-EOC12 代表的共同因子是持续承诺。本书分别将其命名为制造商价值承诺、努力承诺与持续承诺（表 4-15）。

表 4-15　　外部组织承诺操作变量的因子载荷

操作变量	因子 1	因子 2	因子 3
EOC1	.757		
EOC2	.652		
EOC3	.641		
EOC4	.786		
EOC5	.788		
EOC6	.675		
EOC7		.817	
EOC8		.781	
EOC9		.715	
EOC10			.701
EOC11			.647
EOC12			.566

（3）销售人员工作绩效的效度分析

根据前述的信度分析，对工作绩效相关题项做探索性因子分析，得到 KMO 值为 0.868，Bartlett 球体检验的 p 值为 0.000，表明相关题项适合做因子分析和主成分分析，分析结果见表 4-16。

表 4-16　　工作绩效 KMO 和 Bartlett 的检验

取样足够度的 Kaiser-Meyer-Olkin 度量		.868
Bartlett 的球形度检验	近似卡方	364.210
	df	66
	Sig.	.000

在进行因子分析适宜性检验后，本书分别对上述变量进行了探索性因子分析，因子总方差解释表和操作变量的因子载荷见表 4-17。

表 4-17　　　　工作绩效的总方差解释

成分	初始特征值			提取平方和载入			旋转平方和载入		
	合计	方差的百分比	累积	合计	方差的百分比	累积	合计	方差的百分比	累积
1	5.122	42.682%	42.682%	5.122	42.682%	42.682%	3.435	28.628%	28.628%
2	1.507	12.562%	55.244%	1.507	12.562%	55.244%	3.194	26.616%	55.244%

注：特征值小于 1 的略去，旋转方法为主成分分析法。

探索性因子分析的结果表明，制造商工作绩效的 12 个项目被划分为 2 个因子，累计解释方差达到 55.244%。其中，有五个项目进入因子 1，JP1-JP5 代表的共同因子是任务绩效；有七个项目进入因子 2，JP6-JP12 代表的共同因子是关联绩效。本书分别将其命名为任务绩效与关联绩效（表 4-18）。

表 4-18　　　　工作绩效操作变量的因子载荷

操作变量	因子 1	因子 2
JP1	.787	
JP2	.804	
JP3	.759	
JP4	.650	
JP5	.678	
JP6		.653
JP7		.745
JP8		.703
JP9		.810
JP10		.797
JP11		.861
JP12		.705

（4）销售人员组织承诺的效度分析

根据前述的信度分析，对相关题项做探索性因子分析，得到 KMO 值为

0.823，Bartlett 球体检验的 p 值为 0.000，表明相关题项适合做因子分析和主成分分析，分析结果见表 4-19。

表 4-19　　组织承诺 KMO 和 Bartlett 的检验

取样足够度的 Kaiser-Meyer-Olkin 度量		.823
Bartlett 的球形度检验	近似卡方	152.601
	df	10
	Sig.	.000

在进行因子分析适宜性检验后，本书分别对上述变量进行了探索性因子分析，因子总方差解释表和操作变量的因子载荷见表 4-20。

表 4-20　　组织承诺的总方差解释

成分	初始特征值			提取平方和载入		
	合计	方差的	累积	合计	方差的	累积
1	3.036	60.715%	60.715%	3.036	60.715%	60.715%

注：特征值小于 1 的略去，旋转方法为主成分分析法。

探索性因子分析的结果表明，中间商销售人员外部组织承诺的 16 个项目被划分为 1 个因子，累计解释方差达到 60.715%。本书将其命名为销售人员组织承诺（表 4-21）。

表 4-21　　组织承诺操作变量的因子载荷

操作变量	因子 1	操作变量	因子 1
OC1	.858	OC9	.661
OC2	.771	OC10	.620
OC3	.852	OC11	.807
OC4	.622	OC12	.816
OC5	.661	OC13	.672
OC6	.620	OC14	.693
OC7	.852	OC15	.683
OC8	.612	OC16	.711

4.4 数据的发放与回收

4.4.1 数据收集

本书的对象是独立中间商销售人员，目的是了解来自制造商的跨边界激励对中间商销售人员绩效的影响机制。跨边界激励是许多行业制造商常用的渠道激励手段。本书选取的调研对象为独立第三方汽车经销商的销售人员。选择汽车销售行业主要基于以下两方面的原因。

（1）我国汽车行业主要采用特许经营渠道模式。而特许经营模式满足跨边界激励实施的基本前提。特许经营是一种混合型组织结构（雷星晖等，2002），它兼具市场和企业的特征。Norton（1988）指出特许经营模式类似市场的特点体现为与特许人和受许人在资本、劳动和产品市场上交易；类似企业的特点在于双方之间约束性的双边关系，类似于纵向一体化。另一方面，为了保证受许人能够顺利地开展业务，特许人会给予受许人一定的控制和激励，如对品牌形象、服务标准、产品质量的全面规定；对受许人及其商品和服务进行监督管理；对相关受许人提供培训和奖励，包括人员培训、业务培训等。

（2）汽车流通领域的制造商跨边界激励体系最为成熟，包括广汽丰田、广汽本田、东风日产、宝马、上汽大众、上汽通用等汽车制造商普遍采用跨边界激励策略直接对经销商销售人员实施治理。一方面，销售人员在汽车销售的第一线工作，对汽车销售流程有着较为全面的认识。另一方面，他们在实际工作中，与汽车制造商接触的机会较多，对汽车制造商的各种激励政策比较了解。因此，选择汽车销售行业能够确保问卷填写者从一个真实的角度来填写研究量表，反映出汽车制造商跨企业边界激励以及经销商销售人员相关行为的实际情况，保证样本数据质量。此外，现有相关研究更多选择汽车行业作为样本行业。

本书通过两种方式，分别在两个时间段开展问卷调查。第一种方式为现场问卷调查，时间范围为 2018 年 10 月至 2018 年 12 月。通过对上海、江苏南京、福建厦门、山东济南等地汽车经销店的实地走访，邀请了具有一定汽车销售工作经验的销售经理和销售人员协助。累计在全国 53 家汽车经销店发放问卷

120 份，回收 97 份。由于在问卷填写现场为销售人员解答了他们关于问卷的各种疑惑，回收的 97 份问卷全部为有效问卷。选择该问卷发放方式是因为可以使具有汽车销售工作经验的销售人员直接参与调研，以获取第一手资料。

第二种方式为通过问卷星平台进行问卷调查，以增加有效样本的数量，提高研究的科学性和准确性。问卷星平台问卷调查的时间范围为 2019 年 2 月至 2019 年 4 月。通过问卷星调研定制服务，选择以汽车销售领域的销售人员为对象发放问卷 200 份，实际回收数量为 115 份。

问卷调查中的样本回收率或应答率是指调查者实际调查的样本数与计划调查的样本数之比。更具体地说，就是研究者成功完成调研的个案数占计划完成的样本总数的百分比。有效回收率是指通过对问卷的分析与审核，剔除那些明显乱填或填答内容不完整的废卷后所剩下的问卷数（即有效问卷数）占样本总数的百分比。总的来看，共发放问卷 320 份，回收 212 份，其中有效问卷为 212 份，问卷回收率为 66.3%，有效回收率为 66.3%，具体样本回收情况见表 4-22。

表 4-22　　调查问卷回收情况

发放途径	发放问卷数量	回收样本数量	有效样本数量	回收率	有效回收率
现场发放	120	97	97	80.8%	80.8%
问卷星发放	200	115	115	57.5%	57.5%
合计	320	212	212	66.3%	66.3%

4.4.2 数据分析方法

先将所有纸质问卷和电子问卷进行编号，然后把有效问卷内容按照编号依次输入到 Excel 表格中，以备将来核查数据，最后利用 AMOS 20.0 和 SPSS 20.0 等统计软件进行数据分析。根据不同的分析目的，采用不同的技术进行分析。采用效度和信度检验进行相关量表的评估，采用描述性统计分析展示样本的分布特征、变量的整体情况及二者之间的相关关系，采用路径分析和回归分析对研究假设进行检验。具体来讲，主要用到以下几种统计分析方法。

1. 描述性统计分析

描述性统计分析是一种最基本的统计方法，它可以将实证收集的数据进行简单的整理和归类，以此描述和归纳数据的特征及变量之间的关系。描述性统计分析非常重要，不仅是因为它可以展现资料的相似度，协助人们做出专业的判断，也因为它是选择正确统计分析方法进行实证检验的依据。常见的描述性统计主要涉及数据的集中趋势、离散程度和相关强度，最常用的指标有平均数、标准差等。

本书主要对调查样本的基本资料以及研究变量进行统计性分析，具体指标包括频次、均值、标准差、百分比等，以描述样本和变量的类别、特性和比例状况。

2. 信度和效度检验

信度和效度检验的目的是分析样本数据质量，是进行实证研究的基础和前提，是保证实证研究总体质量的重要步骤。两者都关注我们所设计的具体指标与这些指标所预测的构念间的关系。

信度是指数据的可靠性和一致性。信度好的数据在同样或类似的条件下重复操作，可以得到一致或稳定的结果。由于 Cronbach α 系数适合检验同一变量各项目间的一致性，因此在实证研究中通常采用 Cronbach α 这种统计方法来做信度分析。Cronbach α 的系数越大，信度水平越高。研究利用 Cronbach α 系数对测量变量的指标进行信度检验。

效度是指概念定义与操作化定义的契合程度。效度能够反映出测量结果的准确性，也就是说效度能够真实地反映出所要了解的对象特征程度。测量的效度有表面效度（face validity）、内容效度（content validity）、标准效度（criterion validity）和建构效度（construct validity）四种类型。但在实证研究中，效度衡量主要分析内容效度和建构效度两个方面。

内容效度是一种特殊的表面效度。它关心的是一个定义的内容是否都在测量中表现出来。内容效度可以通过三个步骤来获得：说明构念定义的内容——从此定义所包含的区域或部分中做抽样——发展指标并连结定义的这些部分。通常情况下，实证研究量表是参考了大量国内外相关文献归纳整理而成的，可以确信具有相当程度的内容效度。建构效度是指测量结果体现出来的某种结构与测量值之间的对应程度。一般认为因子分析是检验建构效度的常用方法。若能有效提取共同因子，且此共同因子与理论结构的特质较为接近，则可判断测量工具具有建构效度。

3. 相关分析

相关分析是研究变量间相互影响程度的一种统计研究方法，能够反映变量间相互作用的可能性。相关系数用以描述相关程度和方向的统计量。相关系数主要表现变量间的相关程度的高或低，并不反映变量间的因果关系，因此得到的相关系数只能说明这两个变量正相关、负相关，或者是无关。本书采用 Pearson 相关分析方法，分析各变量间是否有显著相关关系，初步判断模型的设置和假设是否合理。

4. 回归分析

回归分析是一种研究与测度变量之间关系的统计方法。回归分析与相关分析两者的分析侧重不同，相关分析重点探讨变量间关系的密切程度，而回归分析则探求变量间关系究竟为何种形式，能够反映出变量间的因果关系和关系强弱。若研究的因果关系中只包含一个自变量和一个因变量属于一元回归分析；当研究的因果关系包含一个因变量和多个自变量则属于多元回归分析。

回归方程是反映一个因变量对一个或一组自变量的回归关系的数学表达式。若 X 为自变量，Y 为因变量，则 X 与 Y 之间存在着某种关系，因此，回归方程为 $y_i = a + bx_i + \varepsilon_i (i = 1, 2, \cdots, n)$。式中 ε 为各种随机因素对 y 的影响总和。回归方程应用最小二乘法来确定模型的回归系数。回归系数的取值介于 0～1 之间，其绝对值越接近 1，表明自变量与因变量之间的关系越密切。通过回归的方程式可以得知每个自变量对因变量的影响力（贡献），以进行统计上和管理上的解释。本研究采用多元回归分析方法来验证变量之间的关系和作用。

4.5　本章小结

本章包括问卷设计，变量设置与测度，数据收集与分析方法以及预调查的实施及结果分析四个部分。本章分别阐释了问卷的设计方法和步骤，解释变量、中介变量、被解释变量以及调节变量的可操作化定义和测度方式，以及选择样本行业和收集数据的方式。最后，通过小样本的预测试验证了量表的信度和效度，为后面正式调查研究的有效性和可靠性奠定了基础。

第5章 >>>

数据分析与假设检验

本章对调研数据进行描述性统计分析，对变量之间相互关系的作用机制进行分析，然后对概念模型的中介效应、调节效应以及主效应的各项假设进行检验，得出是否支持原假设的结论，最后对检验结果进行分析与讨论。

5.1 数据的描述性统计分析

本节主要是运用统计方法，对制造商跨边界激励、中间商销售人员外部组织承诺、工作绩效和组织承诺等研究变量进行描述性分析。

本书对正式调查阶段回收的212份有效问卷进行描述性统计分析。首先对被调查者的年龄、性别、受教育程度、从事汽车销售的时间和所在岗位五个指标来进行描述性统计分析，以掌握样本的整体特征。

如表5-1所示，在所有受访者中，男性销售人员占大多数，为110人，占总人数的51.9%；女性销售人员为102人，占总人数的48.1%。如表5-2所示，从受访者的年龄来看，26～35岁之间的销售人员占到受访者的绝大多数。其中，年龄在26～30岁的人数为77人，占样本总数的36.3%，年龄在31～35岁之间的人数为68人，占受访者总数的32.1%，二者之和占到样本总量的68.4%。而年龄在26岁以下和36岁以上的销售人员数量相对较少，其中年龄在26岁以下的受访者有19人，占样本总量的9.9%；年龄在36岁以上的受访者有46人，占样本总量的21.7%。样本的年龄和性别分布基本符合汽车营销人员队伍的实际情况，本书认为样本的此项数据具有良好的代表性。

表 5-1　受访者的性别分布情况

变量	项目	样本数	百分比	累积百分比
性别	男	110	51.9%	51.9%
	女	102	48.1%	100.0%

表 5-2　受访者的年龄分布情况

变量	项目	样本数	百分比	累积百分比
年龄	20 岁及以下	2	0.9%	0.9%
	21～25 岁	19	9.0%	9.9%
	26～30 岁	77	36.3%	46.2%
	31～35 岁	68	32.1%	78.3%
	36～40 岁	29	13.7%	92.0%
	40 岁及以上	17	8.0%	100.0%

如表 5-3 所示，从受访者受教育程度来看，大部分销售人员的受教育程度较高。其中，受过大专教育的销售人员为 37 人，占受访总人数的 17.5%；受过本科教育的销售人员为 127 人，占样本总量的 59.9%，是占比最大的一个群体；受过硕士及以上教育的销售人员为 11 人，占受访总人数的 5.2%。这表明，销售人员队伍的整体素质较高，与实际情况也比较吻合。

表 5-3　受访者的受教育程度分布情况

变量	项目	样本数	百分比	累积百分比
受教育程度	初中及以下	10	4.7%	4.7%
	高中(中专)	27	12.7%	17.5%
	大专	37	17.5%	34.9%
	本科	127	59.9%	94.8%
	硕士	10	4.7%	99.5%
	博士	1	0.5%	100.0%

如表 5-4 所示，从工作时间来看，在该行业工作过 3 年以下的受访销售人员为 52 人，占样本总量的 24.5%，在该行业已工作 3～5 年的销售人员有 61 人，占

样本总量的 28.8%；在该行业已工作 6～8 年的销售人员为 54 人，占样本总量的 25.5%；在该行业工作长达 9～12 年的销售人员数为 26 人，占样本总量的 12.3%；而在该行业工作 12 年以上的销售人员为 19 人，占样本总量的 9%。这表明，本次调研的受访者大多数在该行业工作时间较长，与制造商沟通与互动时间也很长，对制造商的相关营销渠道策略也比较了解，因此，本次调研的数据有较高的可信度。

表 5-4　　受访者的工作年限分布情况

变量	项目	样本数	百分比	累积百分比
工作年限	3 年以下	52	24.5%	24.5%
	3～5 年	61	28.8%	53.3%
	6～8 年	54	25.5%	78.8%
	9～12 年	26	12.3%	91.0%
	12 年以上	19	9.0%	100.0%

如表 5-5 所示，从受访者的岗位分布情况来看，担任销售经理的受访者为 21 人，占样本总量的 28.8%；从事一线销售工作的受访者为 191 人，占样本总量的 71.2%。销售经理往往对制造商的渠道治理策略更加了解，因而也能进一步保证调研数据的可信度。总体上看，样本分布没有呈现明显的异常，适合于后续的数据分析与研究。

表 5-5　　受访者的岗位分布情况

变量	项目	样本数	百分比	累积百分比
岗位	销售人员	191	90.1%	90.1%
	销售经理	21	9.9%	100.0%

5.2　数据的信度和效度检验

在进行数据分析处理之前，本书先对数据进行描述性统计分析，以发现数据的内在规律。本书对调研的有关数据做的描述性统计分析主要包括平均值分析和标准差分析。

本书应用 SPSS 20.0 软件对本章节涉及的变量进行了均值和平方差的计算,具体结果见表 5-6 至表 5-9。从相关测量指标的平均值和标准差来看,样本数据的分布较为集中且离散状态良好,可以进行下一步分析。

表 5-6 跨边界激励描述性统计分析

变量	平均值	标准差	变量	平均值	标准差
物质激励			非物质激励		
MM1	1.90	0.76	NMM1	1.80	0.77
MM2	1.76	0.77	NMM2	1.93	0.94
			NMM3	2.16	0.98
			NMM4	1.92	0.82
			NMM5	1.92	0.87

表 5-7 外部组织承诺描述性统计分析

变量	平均值	标准差	变量	平均值	标准差	变量	平均值	标准差
价值承诺			努力承诺			持续承诺		
EOC1	1.92	0.77	EOC7	1.89	0.86	EOC10	2.39	1.26
EOC2	2.08	0.73	EOC8	1.59	0.64	EOC11	2.25	1.17
EOC3	2.02	0.93	EOC9	1.89	0.76	EOC12	2.59	1.10
EOC4	1.86	0.76						
EOC5	2.00	0.81						
EOC6	2.14	0.90						

表 5-8 组织承诺描述性统计分析

变量	平均值	标准差	变量	平均值	标准差
组织承诺					
OC1	1.95	0.67	OC9	1.65	0.69
OC2	2.35	0.99	OC10	1.69	0.69
OC3	2.02	0.70	OC11	1.75	0.70

(续表)

变量	平均值	标准差	变量	平均值	标准差
OC4	2.03	0.77	OC12	2.48	1.09
OC5	1.73	0.69	OC13	1.97	1.07
OC6	2.00	0.76	OC14	2.04	1.00
OC7	2.14	0.85	OC15	2.41	1.05
OC8	1.91	0.74	OC16	1.98	1.12

表 5-9　　工作绩效描述性统计分析

变量	平均值	标准差	变量	平均值	标准差
任务绩效			关联绩效		
JP1	2.09	0.69	JP6	1.95	0.69
JP2	1.83	0.70	JP7	1.62	0.70
JP3	2.08	0.86	JP8	2.20	0.87
JP4	1.83	0.64	JP9	1.76	0.74
JP5	1.94	0.71	JP10	2.09	0.76
			JP11	1.93	0.68
			JP12	1.71	0.66

5.2.1 信度检验

信度(reliability)即可靠性,它是指采用同样的方法重复测量同一对象时所得结果的一致性程度。信度指标多以相关系数表示,Cronbach α 信度系数是目前最常用的信度系数。利用 SPSS 软件,对问卷内容进行内在一致性信度分析,得到的信度分析结果见表 5-10。

表 5-10　　变量信度检验结果

变量	项目数	Cronbach α 值	
物质激励	2	0.912	0.814
非物质激励	5	0.769	

（续表）

<table>
<tr><th>变量</th><th>项目数</th><th colspan="2">Cronbach α 值</th></tr>
<tr><td>价值承诺</td><td>6</td><td>0.824</td><td rowspan="3">0.835</td></tr>
<tr><td>努力承诺</td><td>3</td><td>0.674</td></tr>
<tr><td>持续承诺</td><td>3</td><td>0.847</td></tr>
<tr><td>组织承诺</td><td>16</td><td>0.888</td><td>0.888</td></tr>
<tr><td>任务绩效</td><td>5</td><td>0.776</td><td rowspan="2">0.863</td></tr>
<tr><td>关联绩效</td><td>7</td><td>0.797</td></tr>
</table>

由信度系数表可知，跨边界物质激励包括 2 个题项，Cronbach α 值为 0.912；跨边界非物质激励包括 5 个题项，Cronbach α 值为 0.769；跨边界激励整体的 Cronbach α 值为 0.814。外部组织价值承诺包括 6 个题项，Cronbach α 值为 0.824；外部组织努力承诺包括 3 个题项，Cronbach α 值为 0.674；外部组织持续承诺包括 3 个题项，Cronbach α 值为 0.847；外部组织承诺整体的 α 值为 0.835。组织承诺包括 16 个题项，整体的 Cronbach α 值为 0.888。任务绩效包括 5 个题项，Cronbach α 值为 0.776；关联绩效包括 7 个题项，Cronbach α 值为 0.797；工作绩效整体的 Cronbach α 值为 0.863。大部分维度的信度值均大于 0.70，整体维度的信度值大于 0.80。而外部组织努力承诺的 Cronbach α 值为 0.674，小于 0.70，但大于 0.50。根据 Nunnally 和 Churchill(1984)的建议，若 α 系数大于 0.50，就认为测量数据具有信度。综上表明，本研究中各项变量的计量尺度可靠，能够满足本书研究的需要。

5.2.2　效度检验

效度即有效性，用来衡量测量工具或手段所测量出来结果的有效性程度，测量结果与考察内容的吻合程度。一般来说，测量结果与考察内容符合程度越高，则有越高的效度。评价有效性的方法主要包括检验内容效度和检验结构效度。其中，内容效度指的是测量题目与测量目标的匹配程度，确定所测量行为领域是否具有代表性；结构效度指理论概念及命题内部的结构程度，比较评价理论假设与测量结果。

数据样本采用 KMO 和 Bartlett 样本测度检验数据是否适合做因子分析，

检验数据的效度。KMO 越接近 1，表明数据越适合做因子分析，经验表明，KMO 大于 0.9 表明极适合，KMO 大于 0.8 而小于 0.9 表明适合，KMO 大于 0.7 而小于 0.8 表明尚可做因子分析，KMO 小于 0.5 表明不宜做因子分析。

1. 探索性因子分析

本书采用主成分分析与方差最大正交旋转法，以特征值大于 1 为标准提取因子，进而判断构念维度及因子载荷。表 5-11 显示了研究构念的 KMO 值、Bartlett 球形检验结果。

表 5-11　　　　KMO 和 Bartlett 的检验

跨边界激励	KMO 值		.759
	Bartlett 球体检验	Approx. Chi-Square	589.048
		df	21
		Sig.	.000
外部组织承诺	KMO 值		.864
	Bartlett 球体检验	Approx. Chi-Square	1 017.784
		df	66
		Sig.	.000
组织承诺	KMO 值		.906
	Bartlett 球体检验	Approx. Chi-Square	1 542.014
		df	120
		Sig.	.000
工作绩效	KMO 值		.888
	Bartlett 球体检验	Approx. Chi-Square	805.655
		df	66
		Sig.	.000

由上表可知，各构念的 KMO 效度值均大于 0.7，说明研究数据比较有效；Bartlett 球形检验的显著性值为 0.000，小于 0.01，由此可知各变量显著相关；样本的研究构念均适合进行因子分析，相关矩阵不是一个单位矩阵，可以进行因子分析。

根据表 5-12 探索性因子分析的结果，可以看出，通过探索性因子分析可将跨边界激励和工作绩效划分为 2 个维度，外部组织承诺划分为 3 个维度，组织承诺划分为 1 个维度；累积解释方差比率显示，各维度对变量的解释程度均超过了 60%的界限，可知因子分析的效果也比较好(表 5-13，表 5-14)。

表 5-12　　探索性因子分析抽取因子累计解释量

变量名称	因子个数	初始特征值		
		抽取因子特征值	解释方差比率	累积解释方差比率
跨边界激励	1	3.351	47.865	47.865
	2	1.199	17.131	64.996
外部组织承诺	1	6.316	39.476	39.476
	2	2.328	14.551	54.027
	3	1.056	6.600	60.627
组织承诺	1	7.684	64.618	64.618
工作绩效	1	4.873	40.609	40.609
	2	1.198	19.985	60.594

表 5-13　　跨边界激励与外部组织承诺旋转后主成分矩阵

跨边界激励			外部组织承诺			
题项	因子 1	因子 2	题项	因子 1	因子 2	因子 3
MM1	.285	**.904**	EOC1	**.582**	.141	.377
MM2	.103	**.937**	EOC2	**.775**	−.050	.013
NMM1	**.814**	−.070	EOC3	**.706**	.193	.164
NMM2	**.611**	.333	EOC4	**.669**	.239	.198
NMM3	**.649**	.311	EOC5	**.640**	.143	.355
NMM4	**.745**	.167	EOC6	**.695**	.059	.273
NMM5	**.600**	.385	EOC7	.214	.070	**.796**
			EOC8	.310	.116	**.604**
			EOC9	.083	.203	**.794**

（续表）

跨边界激励			外部组织承诺			
题项	因子 1	因子 2	题项	因子 1	因子 2	因子 3
			EOC10	.376	**.686**	.125
			EOC11	.260	**.769**	.249
			EOC12	−.144	**.725**	.130

注：抽取方法：主成分分析法；旋转方法：最大方差旋转法；迭代次数：7 次。

表 5-14　　工作绩效与组织承诺旋转后主成分矩阵

工作绩效			组织承诺	
题项	因子 1	因子 2	题项	因子 1
JP1	**.713**	.074	OC1	**.582**
JP2	**.706**	.108	OC2	**.775**
JP3	**.607**	.332	OC3	**.706**
JP4	**.714**	.147	OC4	**.669**
JP5	**.639**	.248	OC5	**.655**
JP6	.313	**.593**	OC6	**.695**
JP7	.307	**.632**	OC7	**.714**
JP8	.035	**.817**	OC8	**.504**
JP9	.296	**.623**	OC9	**.794**
JP10	.296	**.536**	OC10	**.625**
JP11	.198	**.778**	OC11	**.749**
JP12	.322	**.780**	OC12	**.725**
			OC13	**.844**
			OC14	**.813**
			OC15	**.796**
			OC16	**.769**

注：抽取方法：主成分分析法；旋转方法：最大方差旋转法；迭代次数：7 次。

通过探索性因子分析的结果可以看出，大部分因子题项对应的载荷系数大于 0.6，少部分大于 0.5 小于 0.6，探索性的因子分析的结果表明，量表具有良好的效度，各构念维度与量表的理论构想保持一致，研究构念效度较高，可以进行下一步分析。

2. 验证性因子分析

本书通过 AMOS 20.0 对样本数据进行验证性因子分析，检验本研究中的各测量变量可以构成潜在变量的程度，即检查正式问卷中的每个测量题项是否能与模型中对应的变量很好地契合，用以衡量模型的内在质量。

本书从模型各维度的组合信度、构念效度和模型适配度三个方面进行分析，其中构念效度包含聚合效度和区别效度。组合信度表示调查数据的可靠性程度，聚合效度指构面的各测量指标是否可以代表该变量，区别效度指各变量构面之间的区分情况。

主要测量指标包括：标准化因子负荷量若大于 0.5，说明模型基本适配度良好；若临界比率绝对值大于 1.96，即达到显著性水平；若组合信度大于 0.6，则信度较好；若平均方差抽取量 AVE 值大于 0.5，则聚合效度比较好；若 AVE 的平方根大于该变量与其他所有变量之间的协方差系数的绝对值，说明模型的区别效度较好；若模型适配指标中大部分模型适配度指标可以接受，则模型的契合度较好。

跨企业边界激励包含物质激励与非物质激励两个变量，销售人员外部组织承诺包含价值承诺、努力承诺和持续承诺三个变量，销售人员组织承诺只包括组织承诺一个变量，销售人员工作绩效包含任务绩效与关联绩效两个变量，相关验证性因子分析的拟合系数见表 5-15。

表 5-15　　　　模型适配度分析

适配度检验指标	适配标准	模型结果	是否符合标准
χ^2/df	＜5.0	1.350	符合
RMR 值	＜.08	0.076	符合
RMSEA 值	＜.08	0.050	符合
GFI 值	＞.90	0.928	符合
CFI 值	＞.90	0.934	符合
TLI 值	＞.90	0.914	符合
PNFI 值	＞.50	0.575	符合

从表 5-15 的模型适配度分析结果可以看出，卡方统计量 χ^2/df 为 1.35，小于临界值 5；GFI，CFI 和 TLI 的值分别为 0.928、0.934、0.914，均大于 0.90 的建议值；RMSEA 的值为 0.05，小于建议值 0.08。同时，从图 5-1 验证性因子分析的输出结果图中可以看出，各个题项在潜变量上的因子载荷都大于 0.5。因此，可以认为本研究涉及到的各项指标都达到了所要求的标准，跨边界激励与销售人员绩效的模型与实际样本数据没有明显差距，模型是合理的。

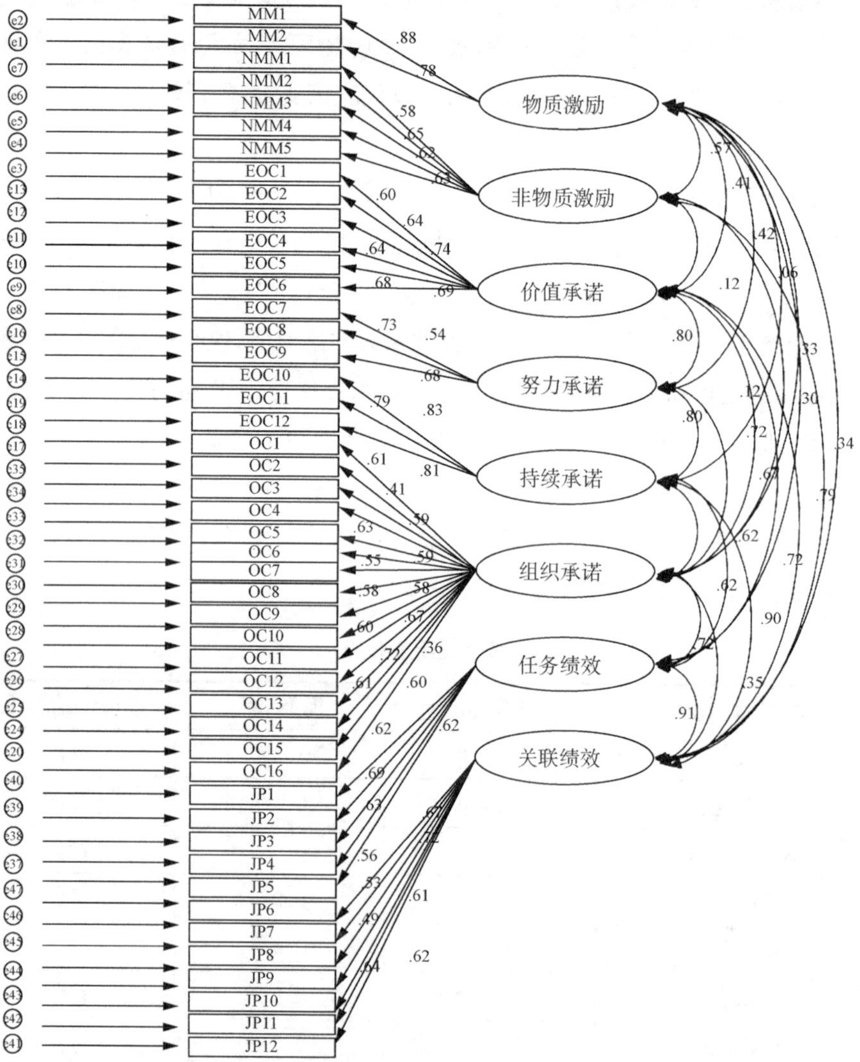

图 5-1　验证性因子分析结果

(1) 聚合效度检验

聚合效度是指通过不同方式测量同一构念时,所观测到的数值之间应该高度相关(梁建和樊景立,2008)。聚合效度可由潜变量抽取的平均方差(AVE)解释。本研究将标准化因子载荷、组合信度(C. R.)以及平均变异量抽取值(AVE)作为潜变量的聚合效度评价指标。一般认为,标准因子载荷在0.5～0.95之间,组合信度大于0.6,平均变异量抽取值大于0.5,个别观察变量的项目信度在0.5以上,说明聚合效度较好(吴明隆,2009)。对研究收集的数据进行聚合效度检验,结果见表5-16。

表5-16　　跨边界激励聚合效度分析

潜变量	测量项	因素负荷量	C. R.	P	组合信度	AVE
物质激励	MM1	0.879			0.814	0.687
	MM2	0.776	10.244	***		
非物质激励	NMM1	0.683			0.788	0.527
	NMM2	0.648	8.229	***		
	NMM3	0.62	7.626	***		
	NMM4	0.682	7.906	***		
	NMM5	0.632	7.255	***		

从表5-16可以看到,跨边界物质激励的标准化因子负载均在0.6以上,而且AVE值为0.687,满足0.5的下限要求,具有较好的聚合效度。跨边界非物质激励标准化因子负载同样均在0.6以上,而且AVE值为0.527,满足0.5的下限要求,也具有较好的聚合效度。

从表5-17可以看到,外部组织价值承诺的标准化因子负载均在0.6以上,而且AVE值为0.543,满足0.5的下限要求,具有较好的聚合效度。外部组织努力承诺的标准化因子负载同样均在0.6以上,而且AVE值为0.558,满足0.5的下限要求,具有较好的聚合效度。外部组织持续承诺的标准化因子负载均在0.6以上,而且AVE值为0.613,满足0.5的下限要求,也具有较好的聚合效度。

表 5-17　　外部组织承诺聚合效度分析

变量	测量项	因素负荷量	C. R.	P	组合信度	AVE
价值承诺	EOC1	0.608			0.826	0.543
	EOC2	0.636	9.004	***		
	EOC3	0.738	8.458	***		
	EOC4	0.636	9.703	***		
	EOC5	0.68	8.467	***		
	EOC6	0.689	8.114	***		
努力承诺	EOC7	0.732			0.812	0.558
	EOC8	0.639	7.426	***		
	EOC9	0.675	9.857	***		
持续承诺	EOC10	0.789			0.879	0.613
	EOC11	0.825	11.952	***		
	EOC12	0.808	11.562	***		

从表 5-18 可以看到，组织承诺的标准化因子负载均在 0.6 以上，而且 AVE 值为 0.507，满足 0.5 的下限要求，具有较好的聚合效度。

表 5-18　　组织承诺聚合效度分析

变量	测量项	因素负荷量	C. R.	P	组合信度	AVE
组织承诺	OC1	0.606			0.726	0.507
	OC2	0.703	8.646	***		
	OC3	0.688	8.114	***		
	OC4	0.625	8.337	***		
	OC5	0.624	4.938	***		
	OC6	0.653	9.743	***		
	OC7	0.686	9.153	***		
	OC8	0.776	8.258	***		
	OC9	0.602	7.918	***		
	OC10	0.67	8.053	***		
	OC11	0.716	7.612	***		
	OC12	0.755	8.555	***		
	OC13	0.608	8.559	***		

（续表）

变量	测量项	因素负荷量	C. R.	P	组合信度	AVE
组织承诺	OC14	0.691	8.08	***	0.726	0.507
	OC15	0.631	5.6	***		
	OC16	0.692	8.317	***		

从表 5-19 可以看到，任务绩效的标准化因子负载均在 0.6 以上，而且 AVE 值为 0.534，满足 0.5 的下限要求，具有较好的聚合效度。关联绩效的标准化因子负载同样均在 0.6 以上，而且 AVE 值为 0.562，也具有较好的聚合效度。

表 5-19　　工作绩效聚合效度分析

变量	测量项	因素负荷量	C. R.	P	组合信度	AVE
任务绩效	JP1	0.618			0.803	0.534
	JP2	0.624	7.66	***		
	JP3	0.687	8.216	***		
	JP4	0.629	7.611	***		
	JP5	0.654	7.551	***		
关联绩效	JP6	0.658			0.824	0.562
	JP7	0.665	7.791	***		
	JP8	0.725	6.512	***		
	JP9	0.721	8.977	***		
	JP10	0.694	6.879	***		
	JP11	0.607	8.415	***		
	JP12	0.638	7.254	***		

根据实际调查的数据运算，结果如上表所示。各因素的负荷量值均介于 0.6～0.95 之间，表示修正模型的基本适配度良好，实际数据与理论模型具有较高的契合度，数据验证结果比较可靠。问卷模型由四个变量构成，各题项的标准化因子负荷量值绝大部分大于 0.5，临界比率均大于 1.96，且均在 0.001 水平上显著；此外各因子的组合信度均大于 0.7，说明模型的组合信度非常好；各维度的平均方差抽取量 AVE 值均大于 0.5，说明模型聚合效度比较高。

(2) 区分效度检验

将各构念的 AVE 平方根值放入相关矩阵的对角线上，从表 5-20 变量的区分效度检验可知，与周围其他构念相关系数相比，各构念的 AVE 平方根值要更高一些，因此本书所采用的量表具有较好的区分效度。

综上可得，问卷结构模型组合信度和结构效度均比较好，模型与实际数据契合度较高。

表 5-20　　变量的区分效度检验

AVE 平方根	物质激励	非物质激励	价值承诺	努力承诺	持续承诺	组织承诺	任务绩效	关联绩效
物质激励	0.829							
非物质激励	0.186	0.726						
价值承诺	0.153	0.282	0.737					
努力承诺	0.128	0.224	0.311	0.747				
持续承诺	0.033	0.058	0.109	0.175	0.783			
组织承诺	0.153	0.304	0.348	0.338	0.341	0.712		
任务绩效	0.084	0.169	0.176	0.148	0.062	0.257	0.731	
关联绩效	0.087	0.182	0.186	0.194	0.131	0.294	0.163	0.75

注：对角线值为相应潜变量的平均方差抽取量 AVE 正平方根，对角线下方为各潜变量之间的协方差系数。

5.3　相关性分析

相关性分析是研究事物之间是否具有相关性及相关性强弱的一种统计方法，线性相关分析是研究两个变量之间的相关性强弱及方向的一种方法；主要目的是研究变量间关系的密切程度，在统计分析中，常利用相关系数定量地描述两个变量之间线性关系的紧密程度。

如果因变量值随着自变量值的增大而增大，我们称之为正相关，相关系数大于 0；但如果因变量值随着自变量值的增大而减小，我们则称之为负相关，相关系数小于 0；相关系数描述的是线性关系强弱和方向的统计量，取值范围为[−1,1]。

工作绩效相关分析表(表 5-21)显示,外部组织承诺、组织承诺、跨边界激励均与工作绩效有显著的正向相关关系(P 值小于 0.05 达到显著性水平)。同时跨边界激励与外部组织承诺、组织承诺之间也两两互为显著的正向相关关系。

表 5-21　　工作绩效相关分析

	工作绩效	外部组织承诺	组织承诺	跨边界激励
工作绩效	1			
外部组织承诺	.614**	1		
	.000			
组织承诺	.734**	.729**	1	
	.000	.000		
跨边界激励	.600**	.559**	.533**	1
	.000	.000	.000	

通过表 5-22 相关分析结果可以得知,研究涉及的变量两两之间都存在相关关系。要进一步研究变量之间的因果影响关系,需要进行建模回归分析,采用模型对具体变量间的联系进行探索验证。

表 5-22　　相关分析结果表

	任务绩效	关联绩效	组织承诺	价值承诺	努力承诺	持续承诺	物质激励	非组织激励
任务绩效	1							
关联绩效	.651**	1						
	.000							
组织承诺	.576**	.739**	1					
	.000	.000						
价值承诺	.500**	.604**	.595**	1				
	.000	.000	.000					
努力承诺	.456**	.676**	.663**	.745**	1			
	.000	.000	.000	.000				

(续表)

	任务绩效	关联绩效	组织承诺	价值承诺	努力承诺	持续承诺	物质激励	非组织激励
持续承诺	.117	.254**	.465**	.173*	.318**	1		
	.089	.000	.000	.012	.000			
物质激励	.234**	.288**	.276**	.368**	.348**	.063	1	
	.001	.000	.000	.000	.000	.358		
非物质激励	.514**	.633**	.559**	.662**	.585**	.093	.481**	1
	.000	.000	.000	.000	.000	.177	.000	

注：**. 在 .01 水平(双侧)上显著相关；*. 在 0.05 水平(双侧)上显著相关。

5.4 全模型假设检验

5.4.1 跨边界激励与销售人员绩效模型检验

销售人员的年龄、性别和教育程度等，都对销售人员的绩效有着显著影响。为验证这种影响作用，本书将销售人员的年龄、性别、教育程度、从业时间、岗位作为控制变量。

1. 跨边界激励对工作绩效的影响

在对跨边界激励与工作绩效关系进行检验之前，首先将受访者个人特征作为控制变量进行回归分析。其次将工作绩效作为因变量，跨边界激励作为自变量，并将控制变量加入回归方程中，进行检验，结果见表 5-23。

表 5-23　　跨边界激励对销售人员工作绩效的影响

因变量：工作绩效	模型 1-1		模型 1-2	
	Beta	Sig.	Beta	Sig.
年龄	−.043	.624	.012	.867
性别	.063	.379	−.003	.953
教育程度	−.013	.868	−.103	.102

（续表）

因变量：工作绩效	模型 1-1		模型 1-2	
	Beta	Sig.	Beta	Sig.
工作时间	.016	.859	−.007	.926
岗位	−.022	.761	.006	.911
跨边界激励			.615***	.000
R^2	.018		.371	
Adj. R^2	.006		.352	
F	.263		20.115**	
P	.933		.000	
N	212		212	

注："**"表示在 0.01 水平上显著；"***"表示在 0.001 水平上显著。

表 5-23 中，模型 1-1 代表的是控制变量对工作绩效的影响，模型 1-2 则在模型 1-1 的基础上加入了自变量跨边界激励。可以看到模型 1-2 中，Adj. R^2 的值为 0.352，F 值在 0.01 的水平下显著，表明模型 1-2 整体拟合效果较好，加入跨边界激励后，模型解释力度得到显著提升。跨边界激励回归系数为 0.615，该结果表明，制造商跨边界激励对中间商销售人员工作绩效的正向影响显著，假设 H1 得到了验证。

2. 跨边界激励各维度对任务绩效的影响

研究进一步分析跨边界激励的两个维度对工作绩效各维度的具体影响。首先将任务绩效作为因变量，跨边界激励的两个维度（物质激励和非物质激励）作为自变量，进行回归分析，结果见表 5-24。

表 5-24　　跨边界物质激励和非物质激励对任务绩效的影响

因变量：任务绩效	模型 1-3		模型 1-4		模型 1-5	
	Beta	Sig.	Beta	Sig.	Beta	Sig.
年龄	.022	.801	.047	.580	.059	.423
性别	−.002	.980	−.046	.518	−.035	.570

（续表）

因变量：任务绩效	模型 1-3		模型 1-4		模型 1-5	
	Beta	Sig.	Beta	Sig.	Beta	Sig.
教育程度	−.083	.286	−.116	.127	−.152	.022
工作时间	−.046	.611	−.064	.466	−.054	.480
岗位	−.03	.674	−.016	.823	−.013	.837
物质激励			.257***	.000		
非物质激励					.538***	.000
R^2	.013		.076		.295	
Adj. R^2	.011		.049		.275	
F	.544		2.810***		14.309***	
P	.743		.012		.000	
N	212		212		212	

表 5-24 中，模型 1-3 代表的是控制变量对任务绩效的影响，模型 1-4 则在模型 1-3 的基础上加入了自变量跨边界物质激励。可以看到模型 1-4 中，Adj. R^2 的值为 0.049，F 值在 0.01 的水平下显著，表明模型 1-4 整体拟合效果较好，加入跨企业边界物质激励后，模型解释力度得到显著提升。跨边界物质激励回归系数为 0.257。该结果表明，制造商跨边界物质激励对中间商销售人员任务绩效的正向影响显著，假设 H1a 得到了验证。模型 1-5 则在模型 1-3 的基础上加入了自变量跨边界非物质激励。可以看到模型 1-5 中，Adj. R^2 的值为 0.275，F 值在 0.01 的水平下显著，表明模型 1-5 整体拟合效果较好，加入跨边界非物质激励后，模型解释力度得到显著提升。跨边界非物质激励回归系数为 0.538。该结果表明，制造商跨边界非物质激励对中间商销售人员任务绩效的正向影响显著，假设 H1b 得到了验证。

3. 跨边界激励各维度对关联绩效的影响

将关联绩效作为因变量，跨边界激励的两个维度（物质激励和非物质激励）作为自变量，进行回归分析，结果见表 5-25。

表 5-25 跨边界物质激励和非物质激励对关联绩效的影响

因变量：关联绩效	模型 1-6		模型 1-7		模型 1-8	
	Beta	Sig.	Beta	Sig.	Beta	Sig.
年龄	—.086	.327	—.059	.486	—.042	.54
性别	.103	.153	.056	.426	.064	.252
教育程度	.042	.585	.007	.927	—.039	.522
工作时间	.06	.504	.041	.638	.051	.47
岗位	—.012	.863	.003	.963	.008	.088
物质激励			.275***	0.000		
非物质激励					0.632***	0.000
R^2	.016		.088		.406	
Adj. R^2	.007		.062		.389	
F	.691		3.307***		23.399***	
P	.631		.004		.000	
N	212		212		212	

表 5-25 中，模型 1-6 代表的是控制变量对关联绩效的影响，模型 1-7 则在模型 1-6 的基础上加入了自变量跨边界物质激励。可以看到模型 1-7 中，Adj. R^2 的值为 0.062，F 值在 0.01 的水平下显著，表明模型 1-7 整体拟合效果较好，加入跨边界物质激励后，模型解释力度得到显著提升。跨边界物质激励回归系数为 0.275。该结果表明，制造商跨边界物质激励对中间商销售人员关联绩效的正向影响显著，假设 H1c 得到了验证。模型 1-8 则在模型 1-6 的基础上加入了自变量跨边界非物质激励。由此可以看到模型 1-8 中，Adj. R^2 的值为 0.389，F 值在 0.01 的水平下显著，表明模型 1-8 整体拟合效果较好，加入跨边界非物质激励后，模型解释力度得到显著提升。跨边界非物质激励回归系数为 0.632。该结果表明，制造商跨边界非物质激励对中间商销售人员关联绩效的正向影响显著，假设 H1d 得到了验证。

5.4.2 跨边界激励与外部组织承诺模型检验

1. 跨边界激励对外部组织承诺的影响

研究将进一步分析跨边界激励的两个维度对外部组织承诺各维度的具体影

响。模型 2-1 首先将受访者个人特征作为控制变量进行回归分析。模型 2-2 将外部组织承诺作为因变量，加入跨边界激励作为自变量，进行回归检验。结果见表 5-26。

表 5-26　　　跨边界激励对外部组织承诺的影响

因变量：外部组织承诺	模型 2-1		模型 2-2	
	Beta	Sig.	Beta	Sig.
年龄	-.006	.950	.045	.540
性别	.051	.481	-.011	.857
教育程度	.073	.346	-.009	.887
工作时间	-.007	.941	-.028	.714
岗位	.016	.824	.042	.483
跨边界激励			.566***	.000
R^2	.017		.316	
Adj. R^2	.007		.296	
F	.297		15.764***	
P	.914		.000	
N	212		212	

表 5-26 中，与模型 2-1 相比，模型 2-2 加入外部组织承诺后，解释力度得到提升。跨边界激励回归系数为 0.566。表明制造商跨边界激励对中间商销售人员外部组织承诺的正向影响显著，假设 H2 得到验证。

2. 跨边界激励各维度对外部组织价值承诺的影响

研究进一步分析跨边界激励的两个维度对外部组织承诺各维度的具体影响。首先将外部组织价值承诺作为因变量，跨边界激励的两个维度：物质激励和非物质激励作为自变量，进行回归分析，结果见表 5-27。

表 5-27　　跨边界物质激励和非物质激励对外部组织价值承诺的影响

因变量：价值承诺	模型 2-3		模型 2-4		模型 2-5	
	Beta	Sig.	Beta	Sig.	Beta	Sig.
年龄	-.014	.870	.021	.796	.032	.631

（续表）

因变量：价值承诺	模型 2-3		模型 2-4		模型 2-5	
	Beta	Sig.	Beta	Sig.	Beta	Sig.
性别	.065	.365	.003	.965	.025	.649
教育程度	.134	.084	.087	.232	.049	.401
工作时间	−.029	.749	−.054	.521	−.039	.569
岗位	.042	.557	.063	.351	.064	.239
物质激励			.362***	.000		
非物质激励					.658***	.000
R^2	.023		.148		.446	
Adj. R^2	.001		.123		.429	
F	.966		5.929***		27.465***	
P	.440		.000		.000	
N	212		212		212	

表 5-27 中，模型 2-3 代表的是控制变量对外部组织价值承诺的影响，模型 2-4 则在模型 2-3 的基础上加入了自变量跨边界物质激励。可以看到模型 2-4 中，Adj. R^2 的值为 0.123，F 值在 0.01 的水平下显著，表明模型 2-4 整体拟合效果较好，加入跨边界物质激励后，模型解释力度得到显著提升。跨边界物质激励回归系数为 0.362。该结果表明，制造商跨边界物质激励对中间商销售人员外部组织价值承诺的正向影响显著，假设 H2a 得到了验证。模型 2-5 则在模型 2-3 的基础上加入了自变量跨边界非物质激励。可以看到模型 2-5 中，Adj. R^2 的值为 0.429，F 值在 0.01 的水平下显著，表明模型 2-5 整体拟合效果较好，加入跨边界非物质激励后，模型解释力度得到显著提升。跨边界非物质激励回归系数为 0.658。该结果表明，制造商跨边界非物质激励对中间商销售人员外部组织价值承诺的正向影响显著，假设 H2d 得到了验证。

3. 跨边界激励各维度对外部组织努力承诺的影响

研究进一步将外部组织努力承诺作为因变量，跨边界激励的两个维度（物质激励和非物质激励）作为自变量，进行回归分析，结果见表 5-28。

表 5-28　跨边界物质激励和非物质激励对外部组织努力承诺的影响

因变量:努力承诺	模型 2-6		模型 2-7		模型 2-8	
	Beta	Sig.	Beta	Sig.	Beta	Sig.
年龄	—.039	.649	—.007	.928	.001	.988
性别	.143*	.044	.088	.199	.108	.062
教育程度	.099	.196	.057	.435	.025	.694
工作时间	.148	.097	.125	.139	.139	.055
岗位	—.085	.23	—.066	.323	—.066	.253
物质激励			.326***	.000		
非物质激励					.579***	0.000
R^2	.043		.144		.370	
Adj. R^2	.019		.119		.352	
F	1.836		5.751***		20.064***	
P	.107		.000		.000	
N	212		212		212	

表 5-28 中,模型 2-6 代表的是控制变量对外部组织努力承诺的影响,模型 2-7 则在模型 2-6 的基础上加入了自变量跨边界物质激励。可以看到模型 2-7 中,Adj. R^2 的值为 0.119,F 值在 0.01 的水平下显著,表明模型 2-7 整体拟合效果较好,加入跨边界物质激励后,模型解释力度得到显著提升。跨边界物质激励回归系数为 0.326,p 值小于 0.01。该结果表明,制造商跨边界物质激励对中间商销售人员外部组织努力承诺的正向影响显著,假设 H2b 得到了验证。模型 2-8 则在模型 2-6 的基础上加入了自变量跨边界非物质激励。可以看到模型 2-8 中,Adj. R^2 的值为 0.352,F 值在 0.01 的水平下显著,表明模型 1-8 整体拟合效果较好,加入跨边界非物质激励后,模型解释力度得到显著提升。跨边界非物质激励回归系数为 0.579。该结果表明,制造商跨边界非物质激励对中间商销售人员外部组织努力承诺的正向影响显著,假设 H2e 得到了验证。

4. 跨边界激励各维度对外部组织持续承诺的影响

研究以外部组织持续承诺作为因变量,跨边界激励的两个维度:物质激励和非物质激励作为自变量,进行回归分析,结果见表 5-29。

表 5-29　跨边界物质激励和非物质激励对外部组织持续承诺的影响

因变量：持续承诺	模型 2-9		模型 2-10		模型 2-11	
	Beta	Sig.	Beta	Sig.	Beta	Sig.
年龄	.028	.752	.036	.682	.035	.688
性别	−.05	.486	−.064	.377	−.057	.431
教育程度	−.057	.466	−.068	.388	−.07	.368
工作时间	−.065	.472	−.071	.433	−.067	.46
岗位	.033	.648	.038	.601	.036	.612
物质激励			.084	.237		
非物质激励					.106	.131
R^2	.016		.015		.019	
Adj. R^2	.008		.014		.009	
F	.348		.525		.676	
P	.883		.789		.669	
N	212		212		212	

根据表 5-29 的结果可知，制造商跨边界物质激励对中间商销售人员外部组织持续承诺没有显著的影响；制造商跨边界非物质激励对中间商销售人员外部组织持续承诺也没有显著的影响。假设 H2c 和 H2f 没有得到实证数据证明。

5.4.3　外部组织承诺与工作绩效模型检验

1. 外部组织承诺对工作绩效的影响

研究将工作绩效作为因变量，外部组织承诺作为自变量，并将控制变量加入回归方程中，进行检验，得出分析结果见表 5-30。

表 5-30　外部组织承诺对工作绩效的影响

因变量：工作绩效	模型 3-1		模型 3-2	
	Beta	Sig.	Beta	Sig.
年龄	−.043	.624	−.04	.568
性别	.063	.379	.032	.572

(续表)

因变量：工作绩效	模型 3-1		模型 3-2	
	Beta	Sig.	Beta	Sig.
教育程度	−.013	.868	−.058	.346
工作时间	.016	.859	.02	.778
岗位	−.022	.761	−.032	.576
外部组织承诺			.617***	.000
R^2	.018		.384	
Adj. R^2	.006		.366	
F	.263		21.287***	
P	.933		.000	
N	212		212	

表 5-30 中，模型 3-1 代表的是控制变量对工作绩效的影响，模型 3-2 则在模型 3-1 的基础上加入了自变量外部组织承诺。可以看到模型 3-2 中，Adj. R^2 的值为 0.366，F 值在 0.01 的水平下显著，表明模型 3-2 整体拟合效果较好，加入外部组织承诺后，模型解释力度得到显著提升。跨边界激励回归系数为 0.617。该结果表明，中间商销售人员外部组织承诺对其工作绩效的正向影响显著，假设 H3 得到了验证。

2. 外部组织承诺各维度对任务绩效的影响

研究进一步分析外部组织承诺的三个维度对任务绩效的影响。首先将任务绩效作为因变量，外部组织承诺的三个维度（价值承诺、努力承诺与持续承诺）作为自变量，进行回归分析，结果见表 5-31。

表 5-31　外部组织价值承诺、努力承诺和持续承诺对任务绩效的影响

因变量：任务绩效	模型 3-3		模型 3-4		模型 3-5		模型 3-6	
	Beta	Sig.	Beta	Sig.	Beta	Sig.	Beta	Sig.
年龄	.022	.801	.029	.693	.041	.593	.019	.828
性别	−.002	.980	−.036	.561	−.072	.263	.004	.958
教育程度	−.083	.286	−.153	.023	−.131	.057	−.077	.323

（续表）

因变量：任务绩效	模型 3-3		模型 3-4		模型 3-5		模型 3-6	
	Beta	Sig.	Beta	Sig.	Beta	Sig.	Beta	Sig.
工作时间	−.046	.611	−.031	.690	−.118	.141	−.039	.668
岗位	−.03	.674	−.052	.395	.011	.860	−.034	.636
价值承诺			.525***	.000				
努力承诺					.487***	.000		
持续承诺							.111	.110
R^2	.013		.282		.240		.025	
Adj. R^2	.011		.261		.218		.003	
F	.544		13.445***		10.802***		.888	
P	.743		.000		.000		.505	
N	212		212		212		212	

表 5-31 中，模型 3-3 代表的是控制变量对外部组织价值承诺的影响，模型 3-4 则在模型 3-3 的基础上加入了自变量外部组织价值承诺。可以看到模型 3-4 中，Adj. R^2 的值为 0.261，F 值在 0.01 的水平下显著，表明模型 3-4 整体拟合效果较好，加入外部组织价值承诺后，模型解释力度得到显著提升。外部组织价值承诺回归系数为 0.525。该结果表明，中间商销售人员外部组织价值承诺对其任务绩效的正向影响显著，假设 H3a 得到了验证。模型 3-5 则在模型 3-3 的基础上加入了自变量外部组织努力承诺。可以看到模型 3-5 中，Adj. R^2 的值为 0.218，F 值在 0.01 的水平下显著，表明模型 3-5 整体拟合效果较好，加入外部组织努力承诺后，模型解释力度得到显著提升。努力承诺回归系数为 0.487。该结果表明，中间商销售人员外部组织努力承诺对其任务绩效的正向影响显著，假设 H2c 得到了验证。而外部组织持续承诺对任务绩效的影响没有达到显著性水平，假设 H3e 没有得到实证数据证明。

3. 外部组织承诺各维度对关联绩效的影响

研究将关联绩效作为因变量，外部组织承诺的三个维度（价值承诺、努力承诺和持续承诺）作为自变量，进行回归分析，其结果见表 5-32。

表 5-32　外部组织价值承诺、努力承诺和持续承诺对关联绩效的影响

因变量：关联绩效	模型 3-7		模型 3-8		模型 3-9		模型 3-10	
	Beta	Sig.	Beta	Sig.	Beta	Sig.	Beta	Sig.
年龄	−.086	.327	−.077	.269	−.059	.362	−.093	.271
性别	.103	.153	.063	.269	.005	.932	.116	.095
教育程度	.042	.585	−.039	.534	−.026	.656	.057	.445
工作时间	.06	.504	.078	.281	−.041	.54	.078	.374
岗位	−.012	.863	−.038	.51	0.046	.388	−.021	.761
价值承诺			.606***	.000				
努力承诺					.685***	.000		
持续承诺							.265***	.00
R^2	.016		.375		.466		.086	
Adj. R^2	.007		.357		.450		.059	
F	.691		20.504***		29.817***		3.219***	
P	.631		.000		.000		.005	
N	212		212		212		212	

表 5-32 中，模型 3-7 代表的是控制变量对关联绩效的影响，模型 3-8 则在模型 3-7 的基础上加入了自变量外部组织价值承诺。可以看到模型 3-8 中，Adj. R^2 的值为 0.357，F 值在 0.01 的水平下显著，表明模型 3-8 整体拟合效果较好，加入外部组织价值承诺后，模型解释力度得到显著提升。外部组织价值承诺回归系数为 0.606。该结果表明，中间商销售人员外部组织价值承诺对其关联绩效的正向影响显著，假设 H3b 得到了验证。模型 3-9 则在模型 3-7 的基础上加入了自变量外部组织努力承诺。可以看到模型 3-9 中，Adj. R^2 的值为 0.45，F 值在 0.01 的水平下显著，表明模型 3-9 整体拟合效果较好，加入外部组织努力承诺后，模型解释力度得到显著提升。外部组织努力承诺回归系数为 0.685。该结果表明，中间商销售人员外部组织努力承诺对其关联绩效的正向影响显著，假设 H3d 得到了验证。模型 3-10 则在模型 3-7 的基础上加入了自变量外部组织持续承诺。可以看到模型 3-10 中，Adj. R^2 的值为 0.059，F 值在 0.01 的水平下显著，表明模型 3-10 整体拟合效果较好，加入外部组织持续承诺后，模型解释力度得到显著提升。外部组织持续承诺回归系数为 0.265。该结果表明，中间商销售人员

外部组织持续承诺对其关联绩效的正向影响显著，假设 H3f 得到了验证。

5.5　中介变量与调节变量的假设检验

5.5.1　中介效应与调节效应的检验方法

中介效应指的是自变量对因变量的影响是通过中介变量来实现的，也就是说中介变量是自变量的函数，因变量是中介变量的函数。中介效应分三个步骤进行，见图 5-2。

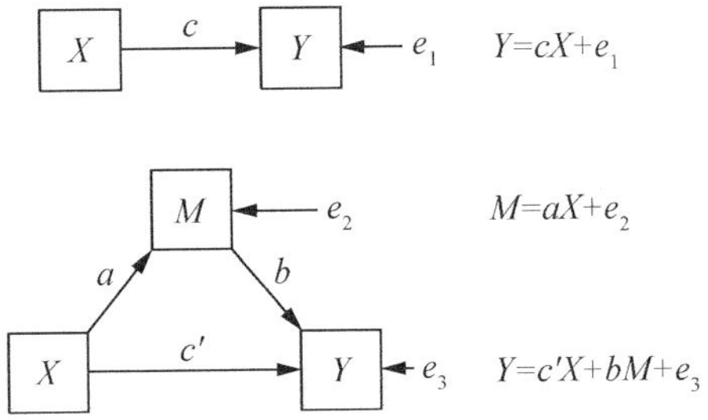

图 5-2　中介变量示意图

整个中介分析中，包含三个回归分析，每一步回归，都要对回归结果进行检验分析，然后进行下一步检验，各步骤分解见图 5-3。

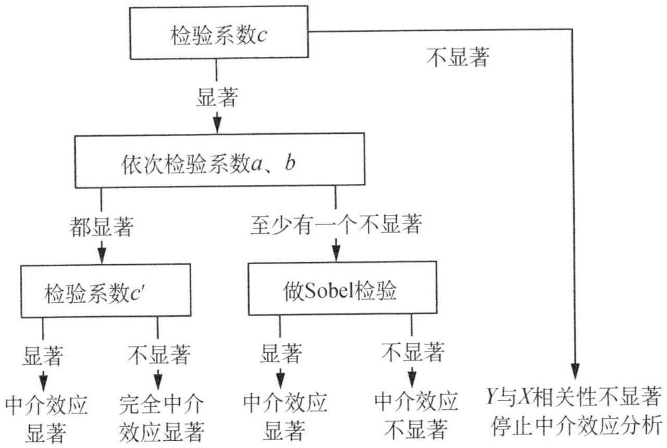

图 5-3　中介效应检验步骤

中介效应的 Sobel 检验公式如下：

$$S_{ab}=\sqrt{a^2S_b^2+b^2S_a^2}$$

注：a 是标准回归系数为独立变量（自变量）和中介变量之间的关系；b 是标准回归系数为中介变量和因变量之间的关系；S_b 是中介变量和因变量之间的关系的标准误差；S_a 是自变量和中介之间的关系的标准误差。

本书以工作绩效及其各维度为主因变量进行回归影响分析，同时引入年龄、性别、教育程度、在本公司工作时间、岗位等特征变量作为控制变量，并采用分层回归、变量进入的回归方式探索工作绩效影响因素及其影响机理。同时引入外部组织承诺作为中介变量，研究其中介作用情况。采用 SPSS 20.0 版本软件进行分析和数据运算处理。

5.5.2 外部组织承诺对跨边界激励和工作绩效的中介效应检验

前文回归模型分析结果表明，跨边界激励对中间商销售人员外部组织承诺、工作绩效均存在显著的正向影响，因此，此部分对外部组织承诺的中介效应进行检验。从表 5-33 检验结果可以看出，在同时对工作绩效进行回归的时候，跨边界激励、外部组织承诺对工作绩效的影响均为极高度显著。加入中介变量后，跨边界激励对工作绩效的影响系数由独立作用时的 0.615 降为 0.386，因此外部组织承诺的中介效应存在，为部分中介效应。

表 5-33　　外部组织承诺对跨边界激励和工作绩效的中介作用

变量	工作绩效		工作绩效	
	Beta	Sig.	Beta	Sig.
年龄	—.043	.624	—.006	.920
性别	.063	.379	.001	.985
教育程度	—.013	.868	—.099	.083
工作时间	.016	.859	.004	.946
岗位	—.022	.761	—.011	.839
跨边界激励			.386***	.000

（续表）

变量	工作绩效		工作绩效	
	Beta	Sig.	Beta	Sig.
外部组织承诺			.405***	.000
R^2	.018		.483	
Adj. R^2	.006		.465	
F	.263		27.193	
P	.933		.000	
N	212		212	

1. 外部组织价值承诺对跨边界激励与任务绩效之间的中介作用

前述回归模型分析已经证明制造商跨边界激励对中间商销售人员外部组织价值承诺及中间商销售人员任务绩效均存在显著影响，因此，本书对中间商销售人员外部组织价值承诺具有的中介效应进行检验。从表 5-34 可以看出，在制造商跨边界物质激励与中间商销售人员外部组织价值承诺同时对其任务绩效进行回归的时候，二者对中间商销售人员任务绩效的影响均为高度显著，但是加入中介变量后，跨企业边界物质激励对中间商销售人员工作绩效的影响系数由独立作用时的 0.257 降为 0.077，因此，中间商销售人员外部组织价值承诺的中介效应存在，表明中间商销售人员外部组织价值承诺对制造商物质激励与中间商销售人员任务绩效之间的关系存在完全中介效应，H4a 得到实证数据证明。同时，当制造商非物质激励与中间商销售人员外部组织价值承诺同时对中间商销售人员任务绩效进行回归时，加入中介变量后，跨边界非物质激励对中间商销售人员工作绩效的影响系数由独立作用时的 0.538 降为 0.339，因此中间商销售人员外部组织价值承诺的中介效应存在，为部分中介效应，H4b 得到实证数据证明。因此，中间商销售人员外部组织价值承诺的中介效用存在。假设 H4a 与假设 H4b 均得到实证数据的支持，假设成立。

表 5-34 外部组织价值承诺对跨边界物质激励、非物质激励和任务绩效的中介作用

变量	任务绩效		任务绩效		任务绩效		任务绩效	
	Beta	Sig.	Beta	Sig.	Beta	Sig.	Beta	Sig.
年龄	.022	.801	.037	.625	.022	.801	.05	.487

（续表）

变量	任务绩效		任务绩效		任务绩效		任务绩效	
	Beta	Sig.	Beta	Sig.	Beta	Sig.	Beta	Sig.
性别	−.002	.980	−.047	.449	−.002	.980	−.042	.475
教育程度	−.083	.286	−.159*	.018	−.083	.286	−.167**	.010
工作时间	−.046	.611	−.037	.632	−.046	.611	−.042	.567
岗位	−.03	.674	−.047	.448	−.03	.674	−.032	.590
物质激励			.077	.238				
非物质激励							.339***	.000
价值承诺			.498***	.000			.302***	.000
R^2	.013		.287		.013		.346	
Adj. R^2	.011		.263		.011		.323	
F	.544		11.747		.544		15.41	
P	.743		.000		.743		.000	
N	212		212		212		212	

2. 外部组织价值承诺对跨边界激励与关联绩效之间的中介作用

前文回归模型分析结果表明，制造商跨边界激励对中间商销售人员外部组织价值承诺及关联绩效均存在显著的正向影响，因此，此部分对外部组织价值承诺的中介效应进行检验。从表 5-35 检验结果可以看出，在同时对关联绩效进行回归的时候，制造商跨边界物质激励和中间商销售人员外部组织价值承诺对关联绩效的影响均极高度显著。加入中介变量后，制造商跨边界物质激励对中间商销售人员关联绩效的影响系数由独立作用时的 0.275 降为 0.063，因此，中间商销售人员外部组织价值承诺的中介效应存在，为完全中介效应，H4c 得到实证数据证明。制造商跨边界非物质激励和中间商销售人员外部组织价值承诺对关联绩效的影响均极高度显著。加入中介变量后，跨边界非物质激励对中间商销售人员关联绩效的影响系数由独立作用时的 0.632 降为 0.411，因此，中间商销售人员外部组织价值承诺的中介效应存在，为部分中介效应，H4d 得到实证数据证明。因此，中间商销售人员外部组织价值承诺的中介效用存在。假设 H4c 与假设 H4d 均得到实证数据的支持，假设成立。

表 5-35 外部组织价值承诺对跨边界物质激励、非物质激励和关联绩效的中介作用

变量	关联绩效		关联绩效		关联绩效		关联绩效	
	Beta	Sig.	Beta	Sig.	Beta	Sig.	Beta	Sig.
年龄	—.086	.327	—.071	.309	—.086	.327	—.052	.418
性别	.103	.153	.054	.352	.103	.153	.056	.293
教育程度	.042	.585	—.044	.482	.042	.585	—.055	.337
工作时间	.06	.504	.073	.315	.06	.504	.064	.339
岗位	—.012	.863	—.033	.563	—.012	.863	—.013	.808
物质激励			.063	.298				
非物质激励							0.411***	.000
价值承诺			0.583***	0.000			0.335***	.000
R^2	.016		.378		.016		.469	
Adj. R^2	.007		.357		.007		.451	
F	.691		17.738		.691		25.719	
P	.631		.000		.631		.000	
N	212		212		212		212	

3. 外部组织努力承诺对跨边界激励与任务绩效之间的中介作用

前文回归模型分析结果表明,跨边界激励对中间商销售人员外部组织努力承诺、任务绩效均存在显著的正向影响,因此,此部分对中间商销售人员外部组织努力承诺的中介效应进行检验。从表 5-36 检验结果可以看出,在同时对任务绩效进行回归的时候,跨边界物质激励和中间商销售人员外部组织努力承诺对任务绩效的影响均极高度显著。加入中介变量后,跨边界物质激励对任务绩效的影响系数由独立作用时的 0.257 降为 0.11,因此中间商销售人员外部组织努力承诺的中介效应存在,为完全中介效应,H4e 得到实证数据证明。跨边界非物质激励和中间商销售人员外部组织努力承诺对任务绩效的影响均极高度显著。加入中介变量后,非物质激励对任务绩效的影响系数由独立作用时的 0.538 降为 0.388,因此中间商销售人员外部组织努力承诺的中介效应存在,为部分中介效应,H4f 得到实证数据证明。因此,中间商销售人员外部组织努力承诺的中介效用存在。假设 H4e 与假设 H4f 均得到实证数据的支持,假设成立。

表 5-36　外部组织努力承诺对跨边界物质激励、非物质激励和任务绩效的中介作用

变量	任务绩效		任务绩效		任务绩效		任务绩效	
	Beta	Sig.	Beta	Sig.	Beta	Sig.	Beta	Sig.
年龄	0.022	.801	0.05	0.511	0.022	.801	0.059	0.412
性别	−0.002	.980	−0.085	0.184	−0.002	.980	−0.062	0.297
教育程度	−0.083	.286	−0.142	0.04	−0.083	.286	−0.158	0.015
工作时间	−0.046	.611	−0.12	0.131	−0.046	.611	−0.09	0.231
岗位	−0.03	.674	0.014	0.82	−0.03	.674	0.004	0.94
物质激励			0.11	0.096				
非物质激励							0.388***	.000
努力承诺			0.452***	0.000			0.258***	.000
R^2	.013		.250		.013		.337	
Adj. R^2	.011		.225		.011		.314	
F	.544		9.739		.544		14.818	
P	.743		.000		.743		.000	
N	212		212		212		212	

4. 外部组织努力承诺对跨边界激励与关联绩效之间的中介作用

前文对回归模型分析结果表明，跨边界物质激励、非物质激励对中间商销售人员外部组织努力承诺、关联绩效均存在显著的正向影响，因此，此部分对中间商销售人员外部组织努力承诺的中介效应进行检验。从表 5-37 检验结果可以看出，在同时对关联绩效进行回归的时候，跨边界物质激励和中间商销售人员外部组织努力承诺对关联绩效的影响均极高度显著。加入中介变量后，跨边界物质激励对关联绩效的影响系数由独立作用时的 0.275 降为 0.057，因此，中间商销售人员外部组织努力承诺的中介效应存在，为完全中介效应，H4g 得到实证数据证明。跨边界非物质激励和中间商销售人员外部组织努力承诺对关联绩效的影响均极高度显著。加入中介变量后，跨边界非物质激励对关联绩效的影响系数由独立作用时的 0.632 降为 0.357，因此，中间商销售人员外部组织努力承诺的中介效应存在，为部分中介效应，H4h 得到实证数据证明。因此，中间商销售人员外部组织努力承诺的中介效用存在。假设 H4g 与假设 H4h 均得到实证

数据的支持，假设成立。

表 5-37　外部组织努力承诺对跨边界物质激励、非物质激励和关联绩效的中介作用

变量	关联绩效		关联绩效		关联绩效		关联绩效	
	Beta	Sig.	Beta	Sig.	Beta	Sig.	Beta	Sig.
年龄	−.086	.327	−.054	.404	−.086	.327	−.042	.478
性别	.103	.153	−.002	.963	.103	.153	.013	.792
教育程度	.042	.585	−.031	.59	.042	.585	−.051	.341
工作时间	.06	.504	−.042	.527	.06	.504	−.015	.805
岗位	−.012	.863	.048	.372	−.012	.863	.04	.418
物质激励			.057	.304				
非物质激励							.357***	.000
努力承诺			.667***	.000			.474***	.000
R^2	.016		.469		.016		.548	
Adj. R^2	.007		.451		.007		.533	
F	.691		25.717		.691		35.35	
P	.631		.000		.631		.000	
N	212		212		212		212	

5. 外部组织持续承诺对跨边界激励与任务绩效之间的中介作用

前文回归模型分析结果表明，跨边界物质激励对中间商销售人员外部组织持续承诺没有显著的影响；跨边界非物质激励对中间商销售人员外部组织持续承诺也没有显著的影响；因此，在制造商跨边界物质激励、非物质激励和中间商销售人员任务绩效关系中，中间商销售人员外部组织持续承诺的中介作用不存在(表 5-38)。假设 H4i 与假设 H4j 不成立。

表 5-38　外部组织持续承诺对跨边界物质激励、非物质激励和任务绩效的中介作用

变量	任务绩效		任务绩效		任务绩效		任务绩效	
	Beta	Sig.	Beta	Sig.	Beta	Sig.	Beta	Sig.
年龄	.022	.801	.044	.606	.022	.801	.057	.439

（续表）

变量	任务绩效		任务绩效		任务绩效		任务绩效	
	Beta	Sig.	Beta	Sig.	Beta	Sig.	Beta	Sig.
性别	—.002	.980	—.04	.573	—.002	.980	—.031	.606
教育程度	—.083	.286	—.11	.148	—.083	.286	—.148	.026
工作时间	—.046	.611	—.057	.512	—.046	.611	—.05	.511
岗位	—.03	.674	—.019	.785	—.03	.674	—.015	.811
物质激励			.25***	.000				
非物质激励							.532***	.000
持续承诺			.091	.179			.056	.348
R^2	.013		.084		.013		.298	
Adj. R^2	.011		.053		.011		.298	
F	.544		2.678		.544		12.384	
P	.743		.011		.743		.000	
N	212		212		212		212	

6. 外部组织持续承诺对跨边界激励与关联绩效之间的中介作用

前文回归模型分析结果表明，制造商跨边界物质激励对中间商销售人员外部组织持续承诺没有显著的影响；制造商跨边界非物质激励对中间商销售人员外部组织持续承诺也没有显著的影响；因此，在制造商跨边界物质激励、非物质激励和中间商销售人员关联绩效关系中，中间商销售人员外部组织持续承诺的中介作用不存在(表 5-39)。假设 H4k 与假设 H4l 不成立。

表 5-39　外部组织持续承诺对跨边界物质激励、非物质激励和关联绩效的中介作用

变量	关联绩效		关联绩效		关联绩效		关联绩效	
	Beta	Sig.	Beta	Sig.	Beta	Sig.	Beta	Sig.
年龄	—.086	.327	—.068	.409	—.086	.327	—.049	.459
性别	.103	.153	.072	.294	.103	.153	.075	.165
教育程度	.042	.585	.023	.748	.042	.585	—.025	.674
工作时间	.06	.504	.058	.49	.06	.504	.064	.346

（续表）

变量	关联绩效		关联绩效		关联绩效		关联绩效	
	Beta	Sig.	Beta	Sig.	Beta	Sig.	Beta	Sig.
岗位	–.012	.863	–.006	.929	–.012	.863	.001	.983
物质激励			.254***	.000				
非物质激励							.611***	.000
持续承诺			.244***	.000			.201***	.000
R^2	.016		.147		.016		.446	
Adj. R^2	.007		.118		.007		.427	
F	.691		5.026		.691		23.475	
P	.631		.000		.631		.000	
N	212		212		212		212	

5.5.3　组织承诺调节效应检验

由前文的实证分析结果可知，中间商销售人员外部组织承诺对其工作绩效有显著的正向影响作用；通过文献梳理和探索性研究，本书认为组织承诺可能对中间商销售人员外部组织承诺与其工作绩效之间的关系有一定的调节影响。下文对组织承诺对外部组织承诺与工作绩效各维度关系的调节效应进行探索分析。

1. 中间商销售人员组织承诺对外部组织价值承诺与任务绩效的关系调节分析

如表 5-40 所示，在控制了控制变量的基础上，模型 5-1 的 Adj. R^2 值为 0.398，F 值在 0.01 水平下显著；模型 5-2 中，Adj. R^2 的值为 0.422，F 值在 0.01 水平下显著。模型 5-2 是模型 5-1 加入了调节变量组织承诺和外部组织价值承诺与调节变量组织承诺的乘积项后的模型，模型 5-2 的 R^2 值比模型 5-1 增加了 0.034，F 值在 0.01 水平上显著，说明相比于模型 5-1，加入调节变量与自变量的交互项的模型 5-2 对中间商销售人员任务绩效的解释力度更大。分析结果显示，交互项外部组织价值承诺 * 组织承诺影响的回归系数为 0.195，显著性概率 Sig. 值为 0.000，小于 0.05，达到显著性水平，调节作用显著。

由此,可以得出组织承诺对外部组织价值承诺与任务绩效之间的关系存在调节作用,假设 H5a 得到实证数据证明。即,组织承诺越高,中间商销售人员外部组织价值承诺对任务绩效的作用就越明显。

表 5-40　　中间商销售人员组织承诺对外部组织承诺与任务绩效的关系调节分析

因变量:任务绩效		模型 5-1		模型 5-2		模型 5-3		模型 5-4	
		Beta	Sig.	Beta	Sig.	Beta	Sig.	Beta	Sig.
控制变量	年龄	.020	.767	−.007	.914	.021	.760	.011	.875
	性别	−.021	.709	−.003	.959	−.025	.667	−.012	.832
	教育程度	−.165	.007	−.174	.004	−.151	.016	−.145	.019
	工作时间	−.053	.453	−.035	.612	−.083	.251	−.080	.264
	岗位	−.053	.345	−.048	.381	−.031	.591	−.019	.737
自变量	价值承诺	.260	.000	.266	.000				
	努力承诺					.145	.059	.133	.077
调节变量	组织承诺	.446	.000	.393	.000	.504	.000	.466	.000
交互项	价值承诺 * 组织承诺			.195	.000				
	努力承诺 * 组织承诺							.157	.007
R^2		.410		.444		.378		.400	
Adj. R^2		.389		.422		.356		.376	
F		20.219***		20.28***		17.696***		16.908***	

2. 中间商销售人员组织承诺对外部组织努力承诺与任务绩效的关系调节分析

如表 5-40 所示,在控制了控制变量的基础上,模型 5-3 的 Adj. R^2 为 0.356,F 值在 0.01 水平下显著;模型 5-4 中,Adj. R^2 的值为 0.376,F 值在 0.01 水平下显著。模型 5-4 是模型 5-3 加入了调节变量组织承诺和外部组织努力承诺与调节变量组织承诺的乘积项后的模型,模型 5-4 的 R^2 值比模型 5-3 增加了 0.022，F 值在 0.01 水平上显著，说明相比于模型 5-3，加入调节变量与自变量的交互项的模型 5-4 对中间商销售人员任务绩效的解释力度更大。交互项(外部组织努力承诺 * 组织承诺)影响的回归系数为 0.157，显著性概率 Sig. 值为 0.007，小于 0.05，达到显著性水平，调节作用显著。由此可以得出，组织承诺对外部组织努力承诺与任务绩效的关系有显著的正向调节作用，假设 H5c 得到实证数据证明，即组织承诺在中间商销售人员外部组织努力承诺与任务绩效之间起到调节作用，即组织承诺越高，中间商销售人员外部组织努力承诺对任务绩效的作用就越明显。

3. 中间商销售人员组织承诺对外部组织持续承诺与任务绩效的关系调节分析

前部分回归模型分析结果表明，中间商销售人员外部组织持续承诺对任务绩效没有显著的影响。因此得出，中间商销售人员组织承诺在外部组织持续承诺与任务绩效间不存在调节作用，假设 H5e 不成立。

4. 中间商销售人员组织承诺对外部组织价值承诺与关联绩效的关系调节分析

如表 5-41 所示，在控制了控制变量的基础上，模型 5-5 的 Adj. R^2 为 0.592，F 值在 0.01 水平下显著；模型 5-6 中，Adj. R^2 的值为 0.598，F 值在 0.01 水平下显著。模型 5-6 是模型 5-5 加入了调节变量组织承诺和外部组织价值承诺与调节变量组织承诺的乘积项后的模型，模型 5-6 的 R^2 值比模型 5-5 增加了 0.009，F 值在 0.01 水平上显著，说明相比于模型 5-5，加入调节变量与自变量的交互项的模型 5-6 对中间商销售人员关联绩效的解释力度更大。分析结果显示，交互项(外部组织价值承诺 * 组织承诺)影响的回归系数为 0.097，显著性概率 Sig. 值为 0.035，小于 0.05，达到显著性水平，调节作用显著。假设 H5b 得到实证数据证明，即组织承诺越高，中间商销售人员外部组织价值承诺对关联绩效的作用就较明显。

5. 中间商销售人员组织承诺对外部组织努力承诺与关联绩效的关系调节分析

在控制了控制变量的基础上，模型 5-7 的 Adj. R^2 为 0.624，F 值在 0.01 水平下显著；模型 5-8 中，Adj. R^2 的值为 0.609，F 值在 0.01 水平下显著。模型 5-8

表 5-41　中间商销售人员组织承诺对外部组织承诺与关联绩效的调节分析

变量		因变量:关联绩效											
		模型 5-5		模型 5-6		模型 5-7		模型 5-8		模型 5-9		模型 5-10	
		Beta	Sig.	Beta	Sig.	Beta	Sig.	Beta	Sig.	Beta	Sig.	Beta	Sig.
控制变量	年龄	—.090	.107	—.103	.064	—.080	.145	—.084	.124	—.092	.109	—.092	.110
	性别	.083	.069	.092	.043	.054	.238	.059	.196	.093	.051	.093	.050
	教育程度	—.055	.270	—.059	.232	—.046	.340	—.044	.365	—.050	.335	—.047	.357
	工作时间	.048	.403	.057	.318	—.005	.935	—.003	.955	.027	.654	.027	.652
	岗位	—.038	.400	—.036	.428	.001	.981	.006	.896	—.029	.534	—.028	.555
自变量	价值承诺	.249	.000	.252	.000								
	努力承诺					.322	.000	.318	.000				
	持续承诺									—.118	.025	—.100	.061
调节变量	组织承诺	.600	.000	.573	.000	.534	.000	.518	.000	.804	.000	.823	.000
交互项	价值承诺 * 组织承诺			.097	.035								
	努力承诺 * 组织承诺							.064	.163				
	持续承诺 * 组织承诺											—.073	.147
R^2		.605		.614		.620		.607		.576		.581	
Adj. R^2		.592		.598		.624		.609		.562		.564	
F		44.656***		40.306***		47.647***		42.133***		39.643***		35.143***	

是模型 5-7 加入了调节变量组织承诺和外部组织努力承诺与调节变量组织承诺的乘积项后的模型，模型 5-8 的 R^2 值比模型 5-7 下降了 0.013，F 值在 0.01 水平上显著，说明相比于模型 5-7，加入调节变量与自变量的交互项的模型 5-8 对中间商销售人员任务绩效的解释力度降低。交互项（外部组织努力承诺 * 组织承诺）影响的回归系数为 0.061，显著性概率 Sig. 值为 0.163，大于 0.05，没有达到显著性水平，调节作用不显著。因此可以看出，中间商销售人员组织承诺对外部组织价值承诺与关联绩效的关系有显著的正向调节作用。中间商销售人员组织承诺对外部组织努力承诺与关联绩效的关系调节不显著，假设 H5d 不成立。

6. 中间商销售人员组织承诺对外部组织持续承诺与关联绩效的关系调节分析

分析结果显示，交互项（外部组织持续承诺 * 组织承诺）影响的回归系数为 −0.073，显著性概率 Sig. 值为 0.147，大于 0.05，没有达到显著性水平，调节作用不显著。因此可以看出，中间商销售人员组织承诺对外部组织持续承诺与关联绩效的关系调节不显著，假设 H5f 不成立。

5.6　本章小结

通过前面的中介效应和调节效应的检验过程，并对本书所提出的各项假设进行了分析验证。表 5-42 汇总了本书所提出的假设的实证结果。从表 5-23 到表 5-41 可以看出本书所提出的假设基本得到验证。下面依次对假设验证情况加以分析。

假设 1 是检验制造商跨边界激励与中间商销售人员工作绩效存在正向关系，即制造商给予的激励越高，中间商销售人员绩效越好。通过表 5-24 和表 5-25 的分析，可以得出假设 H1a、H1b、H1c、H1d 均得到验证。此外，研究还发现制造商的非物质激励对中间商销售人员两种绩效的影响系数均大于物质激励，表明非物质激励在促成中间商销售人员绩效方面更具有一定的作用，能够产生更加理想的激励效果。

假设 2 是检验跨边界激励能够对中间商销售人员外部组织承诺产生正向影响，即制造商跨边界激励越高，中间商销售人员对制造商的外部组织承诺越高。

通过表 5-27 到表 5-29 的分析，可以得出假设 H2a、H2b、H2d、H2e 均得到验证。这也与 McElroy 等(2001)以及 Grawe 等(2012)的研究结论一致，按照社会交换理论和互惠规范，企业边界人员感知来自外部组织的支持和激励，能够对外部组织产生认同感，从而导致更高水平的对外部组织的承诺。实证研究同时得出，假设 H2c 和假设 H2f 不成立。制造商跨边界激励对中间商销售人员外部组织持续承诺没有影响。本书中的持续承诺是指中间商销售人员具有维持与制造商的关系的强烈欲望，一定程度上表明中间商销售人员对制造商的“忠诚度”。实证发现，跨边界的物质激励和非物质激励都不对中间商销售人员持续承诺有影响，说明跨边界激励并不能使中间商销售人员对制造商“忠诚”。

假设 3 是检验中间商销售人员外部组织承诺能够对其工作绩效产生正向影响，即中间商销售人员外部组织承诺越高，工作绩效越高。从表 5-31 可以看出，中间商销售人员外部组织价值承诺、努力承诺对任务绩效的影响达到显著性水平，假设 H3a 和假设 H3b 得到实证数据证明；而持续承诺对任务绩效的影响没有达到显著性水平，假设 H3e 没有得到实证数据证明。从表 5-32 可以看出，中间商销售人员外部组织价值承诺、努力承诺、持续承诺对其关联绩效有显著的正向影响作用，假设 H3b，H3d，H3e 得到实证数据证明。这也与 Grawe 等(2012)的研究结论一致，边界员工的外部组织承诺的发展最终将影响他们的工作绩效，这是因为他们对外部组织的心理承诺促使他们做出超出自身工作职责的努力，从而最终提升工作绩效。

假设 4 是检验中间商销售人员外部组织承诺在制造商跨边界激励与其工作绩效之间关系中存在中介作用的假设，即制造商跨边界激励会通过中间商销售人员外部组织承诺影响其工作绩效。检验结果发现，从表 5-34 可以看出中间商销售人员外部组织价值承诺对制造商物质激励(非物质激励)与中间商销售人员任务绩效之间的关系存在中介效应，假设 H4a 和假设 H4b 得到实证数据的支持。从表 5-35 可以看出中间商销售人员外部组织价值承诺对制造商物质激励(非物质激励)与中间商销售人员关联绩效之间的关系存在中介效应，假设 H4c 和假设 H4d 得到实证数据的支持。从表 5-36 可以看出中间商销售人员外部组织努力承诺对制造商物质激励(非物质激励)与中间商销售人员任务绩效之间的关系存在中介效应，假设 H4e 和假设 H4f 得到实证数据的支持。从表 5-37 可以看出中间商销售人员外部组织努力承诺对制造商物质激励(非物质激励)与中间商销售人员关联绩效之间的关系存在中介效应,假设 H4g 和假设 H4h 得到实证数据的支持。从表 5-38 和表 5-39 可以看出制造商跨边界物质激励(非物质激励)对中间商销售人员外部组织持续承诺没有显著的影响。因此,在制造商跨边界物质激励(非物质激励)和中间商销售人员任务绩效(关联绩效)关系中,中间商销售人员外部组织持续承诺的中介作用不存在。假设 H4i、H4j、H4k 与假设 H4l 均不成立。以上中介效应的分析结果体现了制造商跨边界激励对中间商销售人员绩效影响作用的内在机理,这一过程可以理解为:在渠道关系治理机制下,跨边界激励是提升渠道绩效的主要方式,制造商利用其丰富的企业资源为中间商销售人员提供奖金奖品、培训支持、荣誉表彰等,制造商跨边界激励能提升中间商销售人员的品牌认知力、岗位知识力、专业服务力,增强中间商销售人员对制造商企业文化、价值观和发展愿景的认识和理解,从而对外部制造商产生认同感,产生更高水平的工作动机。

假设 5 是验证组织承诺在中间商销售人员外部组织承诺与工作绩效之间关系中存在调节作用的假设,即当组织承诺较高时,中间商销售人员对制造商外部组织承诺影响销售人员绩效的作用就较明显。检验结果如表 5-40 所示,中间商组织承诺对外部组织价值承诺(外部组织努力承诺)与任务绩效之间的关系存在调节作用,假设 H5a 和假设 H5c 得到实证数据。从表 5-41 可以得出,中间商销售人员组织承诺对外部组织价值承诺与关联绩效之间的关系存在调节作用,假设 H5b 得到实证数据证明,而假设 H5d、H5e 和假设 H5f 未得到验证。假设实证结果汇总见表 5-42。

表 5-42　　　　假设实证结果汇总

编号	假设内容	实证结果
H1a	制造商跨边界物质激励对中间商销售人员的任务绩效有正向影响	成立
H1b	制造商跨边界非物质激励对中间商销售人员的任务绩效有正向影响	成立
H1c	制造商跨边界物质激励对中间商销售人员的关联绩效有正向影响	成立
H1d	制造商跨边界非物质激励对中间商销售人员的关联绩效有正向影响	成立
H2a	跨边界物质激励能够对中间商销售人员外部组织价值承诺产生直接的正向影响	成立

（续表）

编号	假设内容	实证结果
H2b	跨边界物质激励能够对中间商销售人员外部组织努力承诺产生直接的正向影响	成立
H2c	跨边界物质激励能够对中间商销售人员外部组织持续承诺产生直接的正向影响	不成立
H2d	跨边界非物质激励能够对中间商销售人员外部组织价值承诺产生直接的正向影响	成立
H2e	跨边界非物质激励能够对中间商销售人员外部组织努力承诺产生直接的正向影响	成立
H2f	跨边界非物质激励能够对中间商销售人员外部组织持续承诺产生直接的正向影响	不成立
H3a	中间商销售人员外部组织价值承诺对其任务绩效产生正向影响	成立
H3b	中间商销售人员外部组织价值承诺对其关联绩效产生正向影响	成立
H3c	中间商销售人员外部组织努力承诺对其任务绩效产生正向影响	成立
H3d	中间商销售人员外部组织努力承诺对其关联绩效产生正向影响	成立
H3e	中间商销售人员外部组织持续承诺对其任务绩效产生正向影响	不成立
H3f	中间商销售人员外部组织持续承诺对其关联绩效产生正向影响	成立
H4a	中间商销售人员外部组织价值承诺在制造商跨边界物质激励与其任务绩效之间起中介作用	完全中介
H4b	中间商销售人员外部组织价值承诺在制造商跨边界非物质激励与其任务绩效之间起中介作用	部分中介
H4c	中间商销售人员外部组织价值承诺在制造商跨边界物质激励与其关联绩效之间起中介作用	完全中介
H4d	中间商销售人员外部组织价值承诺在制造商跨边界非物质激励与其关联绩效之间起中介作用	部分中介
H4e	中间商销售人员外部组织努力承诺在制造商跨边界物质激励与其任务绩效之间起中介作用	完全中介
H4f	中间商销售人员外部组织努力承诺在制造商跨边界非物质激励与其任务绩效之间起中介作用	部分中介

（续表）

编号	假设内容	实证结果
H4g	中间商销售人员外部组织努力承诺在制造商跨边界物质激励与其关联绩效之间起中介作用	完全中介
H4h	中间商销售人员外部组织努力承诺在制造商跨边界非物质激励与其关联绩效之间起中介作用	部分中介
H4i	中间商销售人员外部组织持续承诺在制造商跨边界物质激励与其任务绩效之间起中介作用	不成立
H4j	中间商销售人员外部组织持续承诺在制造商跨边界非物质激励与其任务绩效之间起中介作用	不成立
H4k	中间商销售人员外部组织持续承诺在制造商跨边界物质激励与其关联绩效之间起中介作用	不成立
H4l	中间商销售人员外部组织持续承诺在制造商跨边界非物质激励与其关联绩效之间起中介作用	不成立
H5a	组织承诺在中间商销售人员外部组织价值承诺与任务绩效之间起到调节作用，即组织承诺越高，销售人员外部组织价值承诺对任务绩效的作用就较明显	成立
H5b	组织承诺在中间商销售人员外部组织价值承诺与关联绩效之间起到调节作用，即组织承诺越高，销售人员外部组织价值承诺对关联绩效的作用就较明显	成立
H5c	组织承诺在中间商销售人员外部组织努力承诺与任务绩效之间起到调节作用，即组织承诺越高，销售人员外部组织努力承诺对任务绩效的作用就较明显	成立
H5d	组织承诺在中间商销售人员外部组织努力承诺与关联绩效之间起到调节作用，即组织承诺越高，销售人员外部组织努力承诺对关联绩效的作用就较明显	不成立
H5e	组织承诺在中间商销售人员外部组织持续承诺与任务绩效之间起到调节作用，即组织承诺越高，销售人员外部组织持续承诺对任务绩效的作用就较明显	不成立
H5f	组织承诺在中间商销售人员外部组织持续承诺与关联绩效之间起到调节作用，即组织承诺越高，销售人员外部组织持续承诺对关联绩效的作用就较明显	不成立

第 6 章 >>>

结论与展望

本章主要对前面 5 章所做的研究做进一步总结和归纳:总结本书的研究结论、归纳和提炼研究的理论贡献、阐述研究结论对渠道跨边界治理实践的管理启示,同时对本书的研究局限加以说明并明确未来的研究方向。

6.1 研究结论

在商品经济时代,市场竞争加剧,销售状况已经成为决定企业生死存亡的重要因素。对于汽车行业而言,经销商销售人员凭借其掌握的专业知识和技能,以及对消费者购买决策的影响力,在渠道中占有重要地位。正确认识销售人员的特点,采取有效的方法对其进行激励以期取得良好的绩效也成为渠道治理中的核心问题,受到理论界和实务界的关注。本书在文献梳理的基础上,从跨边界激励的视角切入,研究了制造商跨边界激励对中间商销售人员绩效的影响及其内在的作用机理,得出了如下的结论。

6.1.1 变量结构维度

本书首先对研究中的关键变量——制造商跨边界激励、中间商销售人员外部组织承诺、工作绩效以及组织承诺的结构维度进行了测量。其中,对跨边界激励和外部组织承诺的研究文献较少,因此,本书在深度访谈和文献梳理的基础上,对跨边界激励、外部组织承诺的概念和维度进行了定性分析和归纳。同时,初步拟定了变量的结构维度,并通过小样本的预调研和大样本的实证研究,对上述变量的结构维度进行了验证。

1. 跨边界激励的结构维度

通过对激励理论的回顾以及对销售人员深度访谈的整理,本书将制造商跨边界激励划分为物质激励和非物质激励，这种分类能够同时满足理论和实践的双重要求。

通过大样本的实证研究，采用探索性因子分析以及验证性因子分析方法，对制造商跨边界激励维度进行了分析，得出了制造商跨边界激励的构成维度。制造商跨边界激励是一个二维度的研究构念，包括物质激励与非物质激励。物质激励主要指制造商通过物质方式，如现金和礼品，对中间商销售人员进行激励；而非物质激励则指制造商通过精神奖励手段，如荣誉、培训等，对中间商销售人员进行激励。

这个研究结论与深度访谈中掌握的实际情况是相符的。根据对制造商经销商销售经理和销售人员的深度采访，汽车制造商的跨边界激励主要采取的手段包括物质激励和非物质激励。物质激励包括现金、礼品和购车优惠等；非物质激励包括教育培训、旅游、精神奖励（如精英榜、年会邀请、杂志专访等）。

2. 中间商销售人员外部组织承诺的结构维度

在组织承诺研究中，学者们对员工组织承诺的测量有多种不同的量表，主要包括 Allen 和 Meyer（1990）从情感承诺、持续承诺和规范承诺三个维度设计的组织承诺量表，以及 Mowday 等（1979）设计的组织承诺量表。在本书中，由于中间商销售人员与制造商不属于同一个组织，虽然在长期互动中中间商销售人员与制造商之间产生了心理联系，但更加偏向对制造商价值观和发展目标的认同（Siders 等，2001）。深度访谈的结果也证实了这个观点，有受访者表示“我觉得对主机厂是一种工作上的承诺，对所工作的店更多的是一份感情”“‘感情’这个词我觉得比较适合用在我工作的这家店，对主机厂我觉得不能用‘感情’这个词”。受访者对制造商的外部组织承诺更多体现在对制造商价值观的认同、发展愿景的接受，并愿意投入努力为外部组织目标实现作出贡献。

通过对经销商管理人员以及销售人员的深度访谈以及文献梳理，归纳出中间商销售人员对制造商外部组织承诺的三个维度。通过实证分析，验证了销售人员能力的维度结构由三个部分构成，即价值承诺、努力承诺以及持续承诺。其中，价值承诺是指个体深信并接受外部组织的目标与价值观；努力承诺是指个体愿意为外部组织的利益投入更多努力；持续承诺是指个体具有强烈的维持与外部组织的关系的欲望。本书结论在一定程度上改变了以往研究中将外部组织承诺作为单一维度变量的不足，更加清晰地展示了外部组织承诺的内部结构及其在中间商销售人员绩效形成机制中起到的不同作用。同时，对样本数据的探索性因子分析和验证性因子分析支持该研究结论。

3. 中间商销售人员绩效的结构维度

通过对制造商经销商管理人员的深度访谈，结合以往的文献研究，本书得出了中间商销售人员工作绩效的结构维度。中间商销售人员绩效是一个二维度的研究构念，分别为任务绩效和关联绩效，大样本的实证分析证明了这个结论。其中，任务绩效是指销售绩效，即当期完成的销售量或者销售额。关联绩效是指与销售工作相关的，但不表现为当期直接销售量，却对长期销售绩效产生直接的影响，如积累的客户关系资源等。该研究结论突破了以往关于销售人员绩效的研究局限于短期绩效的片面性，将长期绩效和短期绩效结合起来，能够更加清晰地展示制造商激励所带来的结果。

6.1.2 关系模型

在变量结构维度检验的基础上，本书进一步对变量间的关系进行了验证，不仅肯定了制造商跨边界激励对中间商销售人员工作绩效的积极作用，还深入分析了其作用的内在影响和传递机制，得出了有价值的结论。

1. 制造商跨边界激励与中间商销售人员绩效之间的关系

研究结果显示，制造商跨边界激励和中间商销售人员绩效之间存在正相关关系，是销售人员绩效形成的主要原因之一。Sider 等(2001)指出中间商销售人员的工作绩效(如提升产品市场份额)不一定由组织来奖励，而是与外部组织奖励相关。制造商跨边界物质激励能够正向影响中间商销售人员的任务绩效和关联绩效。可见，制造商物质激励对中间商销售人员具有一定的激励作用。制造商跨边界的非物质激励在两种绩效的产生中都发挥了积极作用。

此外，本书还发现制造商的非物质激励对中间商销售人员两种绩效的影响系数均大于物质激励，表明非物质激励在促成中间商销售人员绩效方面的作用更加显著，能够产生更加理想的激励效果。根据社会交换理论的观点，当中间商销售人员感受到的外部制造商对其投入较高的专用性资源(知识、培训、机会和信任)时，会根据互惠原则产生一种为制造商目标和利益实现作出贡献的责任感,从而用更高的承诺和更加努力地工作来回报制造商。在深度访谈中,有受访者也表示:"(汽车制造商)物质激励对我们年轻人还是挺重要的,但从长远看我觉得(汽车制造商)还是应多安排培训和学习作为奖励,多一些机会向同行或其他优秀销售顾问学习,对个人未来发展是有帮助的。"

2. 跨边界激励与中间商销售人员外部组织承诺之间的关系

按照社会交换理论和互惠的规范,中间商销售人员感知外部组织的激励,更可能产生对外部组织的认同感,从而做出更高水平的外部组织承诺。实证研究结果表明,不同类型的激励方式会引起中间商销售人员不同类型的外部组织承诺。通过大样本的实证研究可以看出,制造商跨边界物质激励和非物质激励能够激发中间商销售人员对制造商的价值承诺和努力承诺。这一研究结论表明,制造商跨边界激励能激发中间商销售人员对制造商企业目标、价值观的认同和接受,以及能激励中间商销售人员为实现制造商目标投入更多个人努力。

实证研究同时得出,制造商跨边界激励对中间商销售人员外部组织持续承诺没有影响(假设 H2c 和假设 H2f 不成立)。本书中的持续承诺是指中间商销售人员具有强烈的维持与制造商的关系的欲望,一定程度上表明中间商销售人员对制造商的"忠诚度"。实证发现,跨边界的物质激励和非物质激励都不对其有影响。可见跨边界激励并不能使中间商销售人员对制造商"忠诚"。正如在深度访谈中有受访者说:"我觉得对主机厂是一种工作上的承诺,对所工作的店更多的是一份感情。"从契约关系的视角,中间商销售人员毕竟与中间商存在雇佣关系,虽然作为"边界人员"的中间商销售人员与制造商在长期的互动中建立了心理联系,可能因为制造商跨边界激励产生认同感,为实现共同目标投入一定的努力,但这种心理联系并不能转化为跨越法律边界的、对制造商的"忠诚"。

3. 中间商销售人员外部组织承诺与其工作绩效之间的关系

在外部组织承诺对销售人员绩效的影响关系中,中间商销售人员价值承诺和努力承诺与其任务绩效和关联绩效存在正向关系。这一研究结论表明,中间商销售人员对制造商企业目标、价值观的认同和接受,以及为实现制造商目标投入的更多个人努力,最终对个人绩效产生正向影响。而实证研究结果又显示,中间商销售人员外部组织持续承诺对关联绩效有正向影响,而对任务绩效没有影响(假设 H3e 不成立)。可以理解为,关联绩效代表个体的长期绩效,而任务绩效相对地代表个体的短期绩效，中间商销售人员对制造商的持续承诺，代表他们有愿意与外部组织维系长期关系。因此，中间商销售人员对制造商的持续承诺对其关联绩效产生正向影响，而对代表其短期绩效的任务绩效没有影响。

4. 中间商销售人员外部组织承诺的中介效应

“激励—承诺—绩效”是现有文献中比较普遍的实证研究路径。本书提出的研究模型中，中间商销售人员外部组织承诺在整个模型中扮演中介变量的角色。实证结果显示：一方面，以上研究框架在本书中也得到了肯定，制造商跨边界激励是中间商销售人员外部组织承诺产生的基础，而中间商销售人员对制造商的承诺则是中间商销售人员工作绩效的重要来源之一；另一方面也揭示了以制造商跨边界激励为输入，中间商销售人员绩效为产出效果的作用传导过程。在此过程中，制造商跨边界激励与中间商销售人员外部组织承诺之间、中间商销售人员外部组织承诺与中间商销售人员绩效之间都具有显著的直接正相关关系，而制造商跨边界激励是通过中间商销售人员外部组织承诺对中间商销售人员绩效产生影响。中间商销售人员外部组织承诺在这个过程中起到了关键的中介作用。这个研究结果与 McElroy 等(2001)的假设，以及 Grawe 等(2012)的观点相一致：外部组织可以通过提供培训等支持性激励提升中间商员工的工作绩效，而这些支持性激励产生绩效的原因就是边界人员与外部组织之间建立了情感承诺。由于制造商跨边界激励对中间商销售人员外部组织持续承诺没有影响(H2c 和 H2f 不成立)，因此，中间商销售人员外部组织持续承诺在制造商跨边界激励与工作绩效之间也不存在中介效应(假设 H4i、H4j、H4k 和假设 H5l 不成立)。

5. 中间商销售人员组织承诺的调节效应

在本书中，中间商销售人员外部组织承诺与其工作绩效之间的关系并不是一成不变的，它们之间的影响关系受到销售人员组织承诺的调节作用。本书的实证结果显示，在组织承诺水平较高的情况下，中间商销售人员外部组织价值承诺与销售人员绩效之间的关系被增强。这表明中间商销售人员组织承诺与中间商销售人员外部组织价值承诺之间是一种互补关系。外部组织价值承诺代表中间商销售人员对制造商价值观和发展目标的认可。而组织承诺代表中间商销售人员对雇佣企业的价值观和目标的认可。可以说，当组织员工高度认可雇佣企业组织价值观时，对外部组织价值观的认可才能产生更大的效果。深度访谈中也反映出这方面的特点，很多受访者表示如果一个销售顾问对中间商有较高的忠诚度，才能取得更好的绩效，也就是说“爱企业才能爱事业”，如果一个销售顾问对雇佣自己的企业都不忠诚，不论他对外部组织做出何种承诺都可能不会发挥重要作用。

研究还发现，中间商销售人员组织承诺对外部组织努力承诺与关联绩效的关系调节作用不显著，假设H5d不成立。关联绩效是与任务间接相关的自发或自愿的行为，包括组织公民行为、亲社会行为、奉献精神等，代表着长期绩效。而努力承诺是指中间商销售人员为了制造商利益愿意投入更大的努力，也可以认为中间商销售人员把自己视为制造商营销网络中的一员，将自身利益与外部制造商利益结合在一起，从而更加关注制造商的长期获利能力。因此，无论中间商销售人员组织承诺是高或低，中间商销售人员外部组织努力承诺对关联绩效的影响作用不受组织承诺程度的影响。

研究还发现，中间商销售人员组织承诺对外部组织持续承诺与关联绩效的关系调节不显著，假设H5f不成立。可能的原因在于，持续承诺说明销售人员具有维持与外部制造商的关系的强烈愿望，代表了长期保持关系的愿望。而关联绩效虽然与工作任务没有直接关系，却对长期绩效有直接的影响。持续承诺对关联绩效的影响说明中间商销售人员有愿意与外部制造商建立起长期、稳固的心理联系和合作关系。因此，无论中间商销售人员组织承诺是高或低，销售人员外部组织持续承诺对关联绩效的影响作用不受组织承诺程度的影响。

6.2 理论贡献与管理启示

6.2.1 理论贡献

通过理论分析和实证研究方法，本书主要研究了制造商跨边界激励、中间商销售人员外部组织承诺、组织承诺和其工作绩效的结构维度，以及跨边界激励对中间商销售人员绩效的影响机制两个主要问题。本书的理论贡献体现在以下三个方面。

1. 研究跨边界激励对中间商销售人员绩效的影响，丰富了渠道治理问题的研究

随着企业营销渠道结构形式越来越复杂，实现有效的渠道治理成为企业保持市场竞争优势的重要保证。虽然在营销实践中，跨边界激励是制造商实施渠道治理的重要策略之一，但从渠道治理理论视角研究跨边界激励对中间商销售人员绩效影响的文献还较少。本书的实证结果验证了制造商跨边界激励对中间商销售人员绩效的影响作用，从渠道治理视角进一步打开了理论界和实践领域非常关注的中间商销售人员绩效影响机制问题的"黑箱"。制造商通过跨边界激励，引导中间商销售人员将个人目标与渠道目标保持统一，使中间商销售人员利益与渠道利益统一起来，使中间商销售人员个人绩效与渠道整体绩效紧密联系起来。实证结果验证了跨边界物质激励与非物质激励对中间商销售人员工作绩效存在正向影响，这些结论为深化渠道治理理论提供了新的思路。

2. 构建了基于外部组织承诺的跨边界激励对中间商销售人员绩效作用机制的理论模型，丰富了中间商销售人员工作绩效问题的研究

以往研究表明跨边界激励能够促进中间商销售人员绩效提升，但是其中间路径与作用机制观点多样。因此，本书深入探讨了跨边界激励对中间商销售人员工作绩效影响的作用路径和机制，试图从外部组织承诺视角，打开激励促进绩效提升过程的"黑箱"。研究将中间商销售人员对制造商的外部组织承诺作为中介变量，探讨跨边界激励与中间商销售人员工作绩效之间的关系，从而揭开制造商跨边界激励作用于绩效的过程。研究揭示了中间商销售人员外部组织承诺在跨边界激励与工作绩效间的中介作用，弥补了现有研究对制造商跨边界激励及其与中间商销售人员工作绩效间关系研究的不足。本书为供应链伙伴关系企业提高绩效提供了理论指导方向和现实操作路径。

3. 研究跨边界激励对中间商销售人员外部组织承诺的影响，拓展了组织承诺理论的研究

大量的文献已经证明组织因素（包括组织激励、组织支持和组织文化）是影响组织承诺的前因变量之一。一些学者的实证研究表明组织激励与组织承诺存在正向相关关系（Eisenberger，2002；Stanley，2002）。McElroy 等（2001）基于

组织承诺的研究，提出外部组织承诺的前因变量，包括外部组织特征、雇佣组织内部特征和个人特征，然而缺少这些变量对外部组织承诺影响作用的实证研究。从外部组织特征视角出发，本书证实了外部组织跨边界激励对个体外部组织承诺的影响。实证研究结果表明，制造商跨边界激励对中间商销售人员外部组织承诺有显著的正向影响。这个结论的得出，丰富了组织承诺理论的研究内容，对外部组织承诺影响因素问题研究起到了促进作用，并为后续的研究提供了参考。

6.2.2 管理启示

1. 构建渠道跨边界激励机制，优化渠道治理策略设计

在营销实践中，制造商的渠道治理往往陷入这样的困境：由于制造商给予渠道成员（包括中间商销售人员）的奖励完全由中间商自行进行分配，在实际的分配中，存在中间商克扣销售人员奖励的现象，导致销售人员离职率较高，工作积极性降低。因此，制造商应完善渠道激励策略设计，优化渠道资源配置，通过跨边界激励直接给予中间商销售人员奖励，提高销售人员的工作满意度。

另一方面，为了促进新产品（或特定产品）销售，提升产品销量，获得更大的市场占有率，制造商会给予中间商销售人员直接奖励。制造商希望中间商销售人员在营销活动中，对它的产品而不是其他制造商的产品投入最大的关注和努力。特别在开拓新市场或销售新产品的时期，制造商往往需要中间商销售人员付出额外的销售努力。此时，制造商跨边界激励在一定程度上，能够提升中间商销售人员工作积极性。

本书的实证研究结果表明，制造商跨边界激励和中间商销售人员绩效之间存在正相关关系。制造商跨边界物质激励和非物质激励都能够正向影响中间商销售人员的任务绩效和关联绩效。其中，制造商的非物质激励对中间商销售人员两种绩效的影响系数均大于物质激励，表明非物质激励在提升中间商销售人员绩效方面更具有一定的作用，能够产生更加理想的效果。因此，要想优化渠道激励策略，制造商还必须全面考虑各种激励因素，特别是非物质激励，能够更加有效地建立与中间商销售人员的长期合作关系，提升长期绩效，所以从维持中间

商销售人员稳定的角度，非物质激励更为有效。

2. 在实施跨边界激励策略的同时，应当关注中间商销售人员的外部组织承诺状态

实证研究的结果均显示，中间商销售人员外部组织价值承诺和努力承诺是跨边界激励对中间商销售人员绩效作用的中介变量，而持续承诺的中介作用不成立。价值承诺是指销售人员深信并接受外部组织的目标与价值观。努力承诺是指销售人员愿意为外部组织的利益投入更多努力。也就是说，外部组织价值承诺和努力承诺这两个变量解释了制造商跨边界激励对中间商销售人员工作绩效的影响机制。因此，制造商在实施渠道激励的同时，要重点关注中间商销售人员的外部组织价值承诺和努力承诺，从而可以有效促进个体的工作绩效的提升。由于三种外部组织承诺均表现了员工对外部组织的心理状态，但其产生的动因和结果却截然不同，因此对其关注具有重要的管理意义。作为制造商应当经常性地通过中间商销售人员满意度调查、深度访谈等方式，及时掌握中间商销售人员对制造商组织承诺状态，通过有效激励手段提升中间商销售人员对制造商的价值承诺和努力承诺。

3. 关注外部组织承诺与组织承诺对工作绩效的影响

有研究发现，员工组织承诺和外部组织承诺对其离职倾向均有显著影响。本书的实证结果显示，在中间商销售人员组织承诺水平较高的情况下，销售人员外部组织承诺与销售人员任务绩效之间的关系被增强。这表明中间商销售人员组织承诺与中间商销售人员外部组织承诺之间是一种互补关系，外部组织承诺的欠缺能够在一定程度上被组织承诺弥补。根据此结论，从制造商的视角，在渠道销售人员治理中，除了关注中间商销售人员的外部组织承诺，同时也要关注中间商销售人员对自己所在企业的组织承诺。从渠道整体关系视角，也说明制造商和中间商可以携手为提高中间商销售人员的外部组织承诺和组织承诺水平努力，通过提高中间商销售人员两种组织承诺水平，更好地管理和激励中间商销售人员。同时通过设计协同激励机制，提升中间商销售人员的工作绩效。综上所述，在中间商销售人员治理过程中，选择具有高外部组织承诺和高组织承诺的中间商销售人员更符合渠道整体的利益。

6.3 研究局限与展望

尽管本书遵循科学研究的范式，具有一定的创新性，也取得了一定的理论进展。但是本书所选的跨边界激励问题，属于探索性研究，可参照的前人研究成果有限；同时，又受到调研时间、样本数量、样本群体（源于汽车流通行业）的限制，研究依然存在一些局限性。此外，本书仅研究了跨边界激励对中间商销售人员绩效的影响，没有更深入地探寻跨边界激励对企业其他经营管理活动的影响。这些局限性在一定程度上限制了部分研究结论的有效性，另一方面也为未来相关研究提供了进一步探索和改进的方向。

6.3.1 样本选取与数量

本书所使用的样本数据是横截面数据，只能反映变量间的相关关系。具有因果关系的变量之间存在时间上的先后顺序，而横截面数据只能体现某个时间点的状况，不能准确反映变量间的因果关系。未来的研究应该采用一定时间内的面板数据，更科学地研究变量间的因果关系，可以更准确地反映跨边界激励对销售人员绩效的影响机制。

目前，在汽车零售领域，汽车制造商广泛通过跨边界激励实施对经销商销售人员的直接奖励。虽然本书采用的样本数量满足大样本数据分析要求，但是样本量仍相对偏小，代表性可能略为不足。因此，本书的样本数量仅满足大样本分析的要求，总体数量仍存在局限性。为获得更为可靠的实证结果，下一步研究可以使用更多数量的研究样本进行分析。

本书的实证数据取样自汽车销售行业，研究结论可能受到行业特性的限制，一定程度上影响了研究假设检验模型（如多元回归模型）参数估计值的理想程度，影响了研究结论的适用范围。在未来的研究中，可以选取其他行业进行研究，也可以不区分具体的行业，将取样自各行业的样本数据放在一起分析，进一步验证研究结论。

6.3.2 对整体渠道激励策略的影响

本书中的跨边界激励是制造商渠道激励策略中的组成部分之一，制造商对中间商销售人员激励的投入并不是无极限增长的，而是受到渠道激励总体费用限制的；中间商销售人员激励投入的增加势必将减少制造商其他渠道激励支出，比如市场活动补贴、区域广告投放等。市场活动和广告投放的减少也将会对中间商销售人员绩效和渠道总体绩效产生负面影响，而这点在本书中未被考虑。

6.3.3 基于跨边界激励的其他管理应用

跨边界激励改变了传统的处于上下游企业的直线制逐级激励方式，制造商将激励直接延伸至中间商销售人员第一线，对提高中间商销售人员的任务绩效和关联绩效，降低中间商销售人员流失率，提高中间商销售人员的工作绩效有重要作用。

然而，在实践工作中，跨边界激励不仅可以用来提高中间商销售人员的绩效，也会对其他管理活动产生影响。未来的研究可以更加深入地探究跨边界激励在渠道管理中对其他管理活动的影响。例如，在实践中，各经销商的知识经验和管理水平存在巨大差异：一些经销商具有很好的盈利能力，而另一些经销商则在亏损的边缘挣扎。如何将经销商企业间的经验知识共享，提高系统整体绩效，是经销商面临的一个棘手问题。

传统的企业间知识共享，通常发生在两家企业或三家企业间。对多企业间，尤其是数百家企业间的知识共享问题还有很好的解决方法。跨企业边界激励为实现多企业间的知识共享提供了经验借鉴和前提——建立基于跨边界激励的多企业间知识共享平台。

处于一线的中间商销售人员是知识的创造者和收集者，通过制造商激励和经销商的跨边界激励，使中间商销售人员在知识共享平台分享知识，知识共享平台通过对中间商销售人员分享的知识进行价值评估，对其进行激励。知识共享子平台通过对企业内部销售人员知识的共享可以使销售人员相互学习，取长补短。知识平台通过对子平台和销售人员的知识共享，可以使不同的经销商和销售人员相互学习，缩小经销商间的能力差异，进而提高整体绩效。基于跨边界激励的知识共享平台的优点主要表现在实现了跨层级的、多企业的知识共享。

参考文献

[1] 斯特恩,安瑟理,库格伦. 市场营销渠道[M]. 赵平,廖建军,孙燕军,译. 北京:清华大学出版社,2001.

[2] Coughlan A, Anderson E, Stern L W, et al. Marketing channels: United States edition [J]. Pearson Schweiz Ag, 2006, 9(5): 165-178.

[3] Gilliland D I. Toward a business-to-business channel incentives classification scheme [J]. Industrial Marketing Management, 2003, 32(1): 55-67.

[4] 庄贵军. 营销渠道管理[M]. 2版. 北京:北京大学出版社,2012:260-276.

[5] 裴一蕾. 企业一线销售人员授权与其销售绩效关系研究[D]. 长春:吉林大学,2009.

[6] Johnson J J, Sohi R S. The development of interfirm partnering competence: platforms for learning, learning activities and consequences of learning[J]. Journal of Business Research, 2003, 56 (9): 757-766.

[7] 杨英. 汽车行业销售人员的激励机制[J]. 改革与开放,2012(3):45-46.

[8] Pruden H O, Reese R M. Interorganization role-set relations and the performance and satisfaction of industrial salesmen[J]. Administrative Science Quarterly, 1972, 17(4): 601-609.

[9] McElroy J C, Morrow P C, Laczniak R N. External organizational commitment[J]. Human Resource Management Review, 2001, 11(3): 237-256.

[10] 郑鑫,叶明海. 跨边界协同激励管理模式:中国汽车营销渠道的创新与实践[M]. 北京:中国经济出版社,2014.

[11] Argyres N S, Zenger T R. Capabilities, transaction costs, and firm Boundaries[J]. Organization Science, 2012, 23(6): 1643-1657.

[12] Holmstrom B, Milgrom P. The firm as an incentive scheme[J]. American Economic Review, 1994, 84(4): 972-991.

[13] 曾楚宏,林丹明. 论企业边界的两重性[J]. 中国工业经济,2005(10):73-80.

[14] 喻卫斌. 资源跨组织流动和企业边界的变化[J]. 经济学家,2007(2):32-36.

[15] 郑方. 从纵向一体化到纵向分离——基于对立统一关系的分析[J]. 中国工业经济,2010(11):98-108.

[16] 董华. 技术进步、制度演化与企业多重边界[D]. 广州:暨南大学,2010.

[17] 程江. 激励的本质与主体性的转化[D]. 天津:南开大学,2012.

[18] Berelson B, Steiner G A. Human behavior: an inventory of findings[J]. Population Studies, 1965, 38(3): 181-182.

[19] 哈罗德·孔茨,海因茨·韦里克. 管理学[M]. 9 版. 赫国华,金慰祖,葛昌权,等,译. 北京:经济科学出版社,1993.
[20] Stephen P. Robbins, Mary Coulter. 管理学[M]. 7 版. 北京:清华大学出版社,2001.
[21] 周三多. 管理学:教与学导引[M]. 上海:复旦大学出版社,2004.
[22] 苏东水,彭贺. 中国管理学[M]. 上海:复旦大学出版社,2006.
[23] Stephen J. Carson S J, Devinney T M, et al. Understanding institutional designs within marketing value systems[J]. Journal of Marketing, 1999, 63(Special Issue): 115-130.
[24] Caldieraro F, Coughlan A T. Spiffed-up channels: the role of spiffs in hierarchical selling organizations[J]. Marketing Science, 2007, 26(1): 31-51.
[25] Biles G E. Allegiances of unionized public employees toward employer and union[J]. Public Personnel Management, 1974, 3(2): 165-169.
[26] Fullagar C, Barling J. A longitudinal test of a model of the antecedents and consequences of union loyalty[J]. Journal of Applied Psychology, 1989(74): 213-227.
[27] Gordon M E, Philpot J W, Burt R E, et al. Commitment to the union: development of a measure and an examination of its correlates[J]. Journal of Applied Psychology, 1980, 65(4): 479-499.
[28] Aryee S, Tan K. Antecedents and outcomes of career commitment[J]. Journal of Vocational Behavior, 1992, 40(92): 288-305.
[29] Snape E, Redman T. An evaluation of a three-component model of occupational commitment: dimensionality and consequences among United Kingdom human resource management specialists[J]. Journal of Applied Psychology, 2003, 88(1): 152-159.
[30] Leonard L Berry. Relationship marketing of services perspectives from 1983 and 2000[J]. Journal of Relationship Marketing, 2002(1): 59-77.
[31] Sheth J N, Kellstadt C H. Relationship marketing: an emerging school of marketing thought[J]. AMA X Faculty Consortium of Services Marketing, 1993, 23(3): 105-117.
[32] Gummesson E. Making relationship marketing operational[J]. International Journal of Service Industry Management, 1994(5): 5-20.
[33] Berry L L. Relationship marketing of services—growing interest, emerging perspectives [J]. Journal of the Academy of Marketing Science, 1995, 23(4): 236-245.
[34] Kotler P. Marketing management[M]. Beijing: Tsinghua University Press, 2001.
[35] Hunt S D, Morgan R M. Organizational commitment: one of many commitments or key mediating construct? [J]. Academy of Management Journal, 1994, 37(6): 1568-1587.
[36] Gundlach G T, Achrol R S, Mentzer J T. The structure of commitment in exchange [J]. Journal of Marketing, 1995, 59(1): 78-92.
[37] Wulf D K, Odekerkenschröder G J, Iacobucci D. How and why retailers should invest in consumer relationships: a cross-country and cross-industry exploration[J]. Journal of Marketing, 2001(65): 33-50.

[38] Anderson E, Weitz B. The use of pledges to build and sustain commitment in distribution channels[J]. Journal of Marketing Research, 1992,29(1): 18-34.

[39] Penrose E. Theory of the growth of the firm[J]. Journal of the Operational Research Society, 1959, 23(2): 240-241.

[40] Wemerfelt B. A resource-based view of the firm[J]. Strategic Management Journal, 1984(5): 171-180.

[41] Barney J B. Strategic factor markets: expectations, luck, and business strategy[J]. Management Science, 1986, 32(10): 1231-1241.

[42] Pfeffer J, Salancik G R. Social control of organizations[J]. British Journal of Sociology, 1978, 23(4): 406-421.

[43] G. Homans. Social behaviour as exchange[J]. American Journal of Sociology, 1985, 63(6): 579-606.

[44] Cotterell N, Eisenberger R, Speicher H. Inhibiting effects of reciprocation wariness on interpersonal relationships[J]. Journal of Personality & Social Psychology, 1992, 62(4): 658-668.

[45] Blau P M. A design for sociology: scope, objectives and methods[J]. American Academy of Political and Social Science, 1968, 43(16): 43-71.

[46] Cropanzano R, Mitchell M S. Social exchange theory: an interdisciplinary review[J]. Journal of Management, 2005, 31(6): 874-900.

[47] Thibaut J W, Kelley H H. The social psychology of groups[M]. New York: Wiley, 1959: 100-125.

[48] Gulati R, Gargiulo M. Where do interorganizational networks come from? [J]. American Journal of Sociology, 1999, 104(5): 1439-1438.

[49] 陈少华,曾毅.人格与智力:一种交互作用的模型[J].心理科学进展, 2006,14(1):87-92.

[50] 迈克尔 T.麦特森,约翰 M.伊万舍维奇.管理与组织行为经典文选[M].7版.李国洁,王毅,李国隆,译.北京:机械工业出版社,2000.

[51] 侯光明,李存金.现代管理激励与约束机制[M].北京:高等教育出版社,2002.

[52] Qin H. Research on private college teachers' incentive mechanism in view of potter-lawler model: taking Shandong Province as an example[J]. Higher Education of Social Science, 2013, 4(3): 90-94.

[53] Deci E L. Notes on the theory and metatheory of intrinsic motivation[J]. Organizational Behavior & Human Performance, 1976, 15(1): 130-145.

[54] Tyagi P K. Inequities in organizations, salesperson motivation and job satisfaction[J]. International Journal of Research in Marketing, 1990, 7(2): 135-148.

[55] Cameron J, Pierce W D. Reinforcement, reward, and intrinsic motivation: a meta-analysis[J]. Review of Educational Research, 1994, 64(3): 363-423.

[56] Ryan R M, Deci E L. When rewards compete with nature: the undermining of intrinsic motivation and self-regulation[M]. San Diego: Academic Press, 2000(25): 13-54.

[57] Amabile T M. Motivational synergy: toward new conceptualizations of intrinsic and

extrinsic motivation in the workplace[J]. Human Resource Management Review, 1993(3): 185-201.

[58] Abratt R, Smythe M R. A survey of sales incentive programs[J]. Industrial Marketing Management, 1989, 18(3): 209-214.

[59] Greenberg J, Liebman M. Incentives: the missing link in strategic performance[J]. Journal of Business Strategy, 1990, 11(4): 8.

[60] 李垣,刘益.关于企业组织激励的探讨[J].数量经济技术经济研究,1999(5):35-39.

[61] 俞文钊.市场营销心理学[M].大连:东北财经大学出版社,2006.

[62] 孙国学.期望理论视域下的企业技术研发人员激励[J].科技管理研究,2010,30(1):174-176.

[63] 董克用.建立明晰的多支柱养老体系[J].行政管理改革,2013(10):32-36.

[64] 俞文钊.管理心理学(修订本)[M].兰州:甘肃人民出版社,1989.

[65] 毕雪阳.管理心理学[M].上海:上海财经大学出版社,2010.

[66] Arvey R D, Ivancevich J M. Punishment in organizations: a review, propositions, and Research Suggestions[J]. Academy of Management Review, 1980, 5(1): 123-132.

[67] Podsakoff P M, Todor W D, Grover R A, et al. Situational moderators of leader reward and punishment behaviors: fact or fiction? [J]. Organizational Behavior & Human Performance, 1984, 34(1): 21-63.

[68] Kazdin A E. Behavior modification in applied settings[M]. 5th ed. Belmont: Brooks/Cole Pub. Co. 1989.

[69] 秦吉波,曾德明,陈立勇.团队治理:关于提高高新技术企业 R&D 绩效的思考[J].数量经济技术经济研究,2003,20(3):43-48.

[70] 薄湘平,周琴.研发人员激励的合理组合[J].中国人力资源开发,2004(2):46-48.

[71] 吴海燕.企业研发人员工作生活质量的结构及内容实证研究[J].科技管理研究,2013,33(8):128-132.

[72] 利翼.组织激励对研发人员个体绩效的影响研究——以人才资本产权实现感知为中介[D].济南:山东大学,2015.

[73] Miller, S M. Interrelationships among dependency, empathy and sharing: a preliminary study [J]. Motivation and Emotion, 1979(3), 183-199.

[74] 翟洪昌,安哲锋,崔淑范.不同职工对待激励模式需求程度的实证研究[J].心理科学,2004,27(6):1407-1409.

[75] Frank Q Fu, Willy Bolander, Eli Jones. Managing the drivers of organizational commitment and salesperson effort: an application of mayer and allen's three-component model[J]. Journal of Marketing Theory & Practice, 2009, 17(4): 335-350.

[76] Bartol K M, Locke E A. Incentives and motivation[J]. Compensation in Organisations: Progress and Prospects, 2000,34(2): 104-147.

[77] Van Knippenberg D. Work motivation and performance: a social identity perspective [J]. Applied Psychology An International Review, 2000, 49(3): 357-371.

[78] Rouziès D, Iacobucci D. Determinants of pay levels and structures in sales organizations

[J]. Social Science Electronic Publishing, 2009, 73(6): 92-104.

[79] Becker H S. Note on the concept of commitment[J]. American Journal of Sociology, 1960, 66(1): 32-42.

[80] Buchanan B. Building organizational commitment: the socialization of managers in work organizations[J]. Administrative Science Quarterly, 1974, 19(4): 533-546.

[81] Salandk G R. Commitment and control of organizational behavior and belief[M]. Chicago: St. Clair Press, 1977.

[82] Morrow P C. Concept redundancy in organizational research: the case work of commitment[J]. Academy of Management Review, 1983, 8(3): 486-500.

[83] Reichers A E. A review and reconceptualization of organizational commitment[J]. Academy of Management Review, 1985, 10(3): 465-476.

[84] O'Reilly C A, Chatman J. Organizational commitment and psychology attachment: the effects of compliance, identification, and internalization on prosocial behavior[J]. Journal of Applied Psychology ,1986, 71(3): 492-499.

[85] Meyer J P, Allen N J, Gellatly I R. Affective and continuance commitment to the organization: evaluation of measures and analysis of concurrent and time-lagged relations [J]. Journal of Applied Psychology, 1990, 75(1): 104-106.

[86] Meyer J P, Allen N J. A three-component conceptualisation of organisational commitment: some methodological considerations[J]. Human Resource Management Review, 1991(1): 64-98.

[87] Angle H L, Perry J L. Dual commitment and labor-management relationship climates [J]. Academy of Management Journal, 1986, 29(1): 31-50.

[88] Wallace J E. Professional and organizational commitment: compatible or incompatible? [J]. Journal of Vocational Behavior, 1993, 42(3): 333-349.

[89] Vora D, Kostova T. A model of dual organizational identification in the context of the multinational enterprise[J]. Journal of Organizational Behavior, 2010, 28(3): 327-350.

[90] Liden R C, Wayne S J, Kraimer M L, et al. The dual commitments of contingent workers: an examination of contingents' commitment to the agency and the organization [J]. Journal of Organizational Behavior, 2003, 24(5): 609-625.

[91] Grusky O. Career mobility and organzational commitment[J]. Administrative Science Quarterly, 1966, 10(4): 488-503.

[92] Wiener Y, Gechman A S. Commitment: a behavioral approach to job involvement [J]. Journal of Vocational Behavior, 1977, 10(1): 47-52.

[93] Mowday R T, Steers R M, Porter L W. The measurement of organizational commitment[J]. Journal of Vocational Behavior, 1979, 14(2): 224-247.

[94] Meyer J, Allen N, Smith C. Commitment to organizations and occupations: extension and test of a three-component conceptualization[J]. Joumal of Applied Psychology, 1993, 78(4): 538-551.

[95] Allen N J, Meyer J P. Affective, continuance, and normative commitment to the

organization: an examination of construct validity[J]. Journal of Vocational Behavior, 1996, 49(3): 252-276.

[96] Chen Z X, Francesco A M. The relationship between the three components of commitment and employee performance in China[J]. Journal of Vocational Behavior, 2003, 62(3): 490-510.

[97] Cheng Y, Stockdale M S. The validity of the three-component model of organizational commitment in a Chinese context[J]. Journal of Vocational Behavior, 2003, 62(3): 465-489.

[98] 张勉,张德,王颖.企业雇员组织承诺三因素模型实证研究[J].南开管理评论, 2002(5): 70-75.

[99] 姚唐,黄文波,范秀成.基于组织承诺机制的服务业员工忠诚度研究[J].管理世界, 2008(5):102-114.

[100] 林佑贞.饭店组织氛围、组织承诺及工作满意度的关系研究[D].杭州:浙江大学,2010.

[101] 凌文辁,张治灿.中国职工组织承诺的结构模型研究[J].管理科学学报,2000,3(2): 76-81.

[102] Finegan E J. The impact of person and organizational values on organizational commitment[J]. Journal of Occupational and Organizational Psychology, 2000, 73(2): 149-169.

[103] Rhoades L, Eisenberger R. Perceived organizational support: a review of the literature [J]. Journal of Applied Psychology, 2002, 87(4): 698-714.

[104] Stanley S M. What is it with men and commitment, anyway? [C]//Washington, D. C.:The 6th annual Smart Marriages Conference, 2002.

[105] 刘小平.组织承诺影响因素比较研究[J].管理科学,2003,16(4):7-12.

[106] Steers R M. Individual differences in participative decision-making [J]. Human Relations, 1977, 30(9): 837-847.

[107] Podsakoff P M, Mackenzie S B, Paine J B, et al. Organizational citizenship behaviors: a critical review of the theoretical and empirical literature and suggestions for future research[J]. Journal of Management, 2000, 26(3): 513-563.

[108] Mathieu J E, Zajac D M. A review and meta-analysis of the antecedents, correlates, and consequences of organizational commitment[J]. Psychological Bulletin, 1990, 108(2): 171-194.

[109] Johnson R E, Chang C H. Relationships between organizational commitment and its antecedents: employee self-concept matters[J]. Journal of Applied Social Psychology, 2010, 38(2): 513-541.

[110] Goswami S, Mathew M, Chadha N K. Differences in occupational commitment among scientists in Indian defence, academic, and commercial R&D organizations [J]. Vikalpa, 2007, 32(4): 13-27.

[111] Tabbodi M L. Effects of leadership behaviour on the faculty commitment of humanities departments in the University of Mysore, India: regarding factors of age group,

educational qualifications and gender[J]. Educational Studies, 2009, 35(1): 21-26.
[112] Mcinnis K J, Meyer J P, Feldman S. Psychological contracts and their implications for commitment: a feature-based approach [J]. Journal of Vocational Behavior, 2009, 74(2): 165-180.
[113] 韩翼.组织承诺形成机制、效应机制及作用机制研究[M].北京:中国社会科学出版社,2013.
[114] 刘小平.组织承诺影响因素比较研究[J].管理科学,2003,16(4):7-12.
[115] Lin S C, Chang J N. Goal orientation and organizational commitment as explanatory factors of employees' mobility[J]. Personnel Review, 2010, 34(3): 331-353.
[116] 崔勋.员工个人特性对组织承诺与离职意愿的影响研究[J].南开管理评论,2003,6(4):4-11.
[117] 苏方国,赵曙明.组织承诺、组织公民行为与离职倾向关系研究[J].科学学与科学技术管理,2005,26(8):111-116.
[118] 刘小平,王重鸣.中西方文化背景下的组织承诺及其形成[J].外国经济与管理,2002,24(1):17-21.
[119] O'Malley M N, Mercer W M, Wiley. Creating commitment: how to attract and retain talented employees by building relationships that last[J]. Food Management, 2000, 35(8): 15.
[120] Paré G, Tremblay M. The influence of high-involvement human resources practices, procedural justice, organizational commitment, and citizenship behaviors on information technology professionals' turnover intentions[J]. Group & Organization Management, 2007, 32(3): 326-357.
[121] 柯丽菲,黄远仪,姚建明.服务性企业员工组织公民行为与组织承诺、组织公平感关系实证研究[J].软科学,2007,21(5):17-21.
[122] 王颖,张生太.组织承诺对个体行为、绩效和福利的影响研究[J].科研管理,2008,29(2):142-148.
[123] 胡卫鹏,时勘.组织承诺研究的进展与展望[J].心理科学进展,2004,12(1):103-110.
[124] 李金波,许百华,陈建明.影响员工工作投入的组织相关因素研究[J].应用心理学,2006,12(2):176-181.
[125] Reichers A E. A review and reconceptualization of organizational commitment[J]. Academy of Management Review, 1985, 10(3):465-476.
[126] Seabright M A, Levinthal D A, Fichman M. Role of individual attachments in the dissolution of interorganizational relationships[J]. Academy of Management Journal, 1992, 35(1): 122-160.
[127] Gronroos C. Relationship approach to marketing in service contexts: the marketing and organizational behavior interface[J]. Journal of Business Research, 1990, 20(1): 3-11.
[128] Copulsky J, Wolf M J. Relationship marketing: positioning for the future[J]. Journal of Business Strategy, 1990, 11(4): 16-20.
[129] Dyer J H, Singh H. The Relational view: cooperative strategy and sources of

interorganizational comppetitive advantage[J]. The Academy of Management Journal, 1998, 23(4): 660-679.

[130] Kim K, Frazier G L. On distributor commitment in industrial channels of distribution: a multicomponent approach[J]. Psychology & Marketing, 1997, 14(8): 847-877.

[131] 刘玉敏,李广平.用工单位组织支持感对派遣员工离职倾向的影响——有调节的中介效应[J].管理评论,2016,28(10):193-201.

[132] Singh J. Striking a balance in boundary-spanning positions: an investigation of some unconventional influences of role stressors and job characteristics on job outcomes of salespeople[J]. Journal of Marketing, 1998, 62(3): 69-86.

[133] Cropanzano R, Mitchell M S. Social exchange theory: an interdisciplinary review[J]. Journal of Management, 2005, 31(6): 874-900.

[134] Frazier G L, Spekman R E, O'Neal C R. Just-in-time exchange relationships in industrial markets[J]. Journal of Marketing, 1988, 52(4): 52-67.

[135] Palmatier R W. What drives customer relationship value in business-to-business exchanges? (07-118)[J]. Marketing Research, 2007, 28(1): 32-36.

[136] Seabright M A, Levinthal D A, Fichman M. Role of individual attachments in the dissolution of interorganizational relationships[J]. The Academy of Management Journal, 1992, 35(1): 122-160.

[137] 龙立荣,方俐洛,凌文辁,等.职业承诺的理论与测量[J].心理科学进展,2000,18(4):40-46.

[138] 彭剑锋.员工素质模型设计[M].北京:中国人民大学出版社,2003.

[139] Rotundo M, Sackett P R. The relative importance of task, citizenship, and counterproductive performance to global ratings of job performance: a policy-capturing approach[J]. Journal of Applied Psychology,2002, 87(1): 66-80.

[140] Borman W C, Motowidlo S J. Organizational citizenship behavior and contextual performance: a special of human performance [M]. New York: Psychology Press, 1997.

[141] Neal A F, Hesketh B. Technology and performance[J]. 1999(1): 21-55.

[142] Janssen O, Van Yperen N W. Employees' goal orientations, the quality of leader-member exchange, and the outcomes of job performance and job satisfaction[J]. Academy of Management Journal, 2004, 47(3): 368-384.

[143] 温志毅.工作绩效的四因素结构模型[J].首都师范大学学报(社会科学版),2005(5):105-111.

[144] 韩翼,廖建桥,龙立荣.雇员工作绩效结构模型构建与实证研究[J].管理科学学报,2007(5):62-77.

[145] 蔡永红,林崇德.同事评价教师绩效的结构验证性因素分析[J].心理学报,2003,35(3):362-369.

[146] Shields M D, Dearman D T. Cost knowledge and cost-based judgment performance [J]. Journal of Management Accounting Research, 2001, 13(1): 1-18.

[147] Motowidlo S J. Job performance[M]. Hoboken: John Wiley & Sons, Inc. 2003: 82-103.

[148] Jones S C, Vroom V H. Division of labor and performance under cooperative and competitive conditions[J]. Journal of Abnormal Psychology, 1964, 68(3): 313.

[149] Korman A K. An examination of Dipboye's a critical review of Korman's self-consistency theory of work motivation and occupational choice[J]. Organizational Behavior & Human Performance, 1977, 18(1): 127-128.

[150] Gellatly I R, Irving P G. Personality, autonomy, and contextual performance of managers[J]. Human Performance, 2001, 14(3): 231-245.

[151] Werner S, Ward S G. Recent compensation research: an eclectic review[J]. Human Resource Management Review, 2004, 14(2): 201-227.

[152] Dulebohn J H, Werling S E. Compensation research past, present, and future[J]. Human Resource Management Review, 2007, 17(2): 191-207.

[153] Greenberg J. Creating unfairness by mandating fair procedures: the hidden hazards of a pay-for-performance plan[J]. Human Resource Management Review, 2004, 13(1): 41-57.

[154] 张瑞君,李小荣,许年行.货币薪酬能激励高管承担风险吗[J].经济理论与经济管理,2013(8):84-100.

[155] 冯根福,赵珏航.管理者薪酬、在职消费与公司绩效——基于合作博弈的分析视角[J].中国工业经济,2012(6):147-158.

[156] Medcof J W, Rumpel S. High technology workers and total rewards[J]. Journal of High Technology Management Research, 2007, 18(1): 59-72.

[157] 曾湘泉,周禹.薪酬激励与创新行为关系的实证研究[J].中国人民大学学报,2008,22(5):86-93.

[158] Riggle R J, Edmondson D R, Hansen J D. A meta-analysis of the relationship between perceived organizational support and job outcomes: 20 years of research[J]. Journal of Business Research, 2009, 62(10): 1027-1030.

[159] 仲理峰,王震,李梅,等.变革型领导、心理资本对员工工作绩效的影响研究[J].管理学报,2013,10(4):536.

[160] 储成祥,高倩,毛慧琴.个人与组织匹配对工作绩效影响的实证研究——以通信企业为例[J].北京邮电大学学报(社会科学版),2013,15(5):55-64.

[161] 曲庆,高昂.个人—组织价值观契合如何影响员工的态度与绩效——基于竞争价值观模型的实证研究[J].南开管理评论,2013,16(5):4-15.

[162] Goodman S A, Svyantek D J. Person-organization fit and contextual performane: do shared values matter? [J]. Journal of Organizational Behavior, 1999(55): 254-275.

[163] Caldwell D F, O'Reilly C A. Measuring person-job fit with a profile-comparison process[J]. Journal of Applied Psychology, 1990, 75(6): 648-657.

[164] Caldieraro F, Coughlan A T. Spiffed-up channels: the role of spiffs in hierarchical selling organizations[J]. Marketing Science, 2007, 26(1): 31-51.

[165] 庄贵军. 基于渠道组织形式的渠道治理策略选择:渠道治理的一个新视角[J]. 南开管理评论,2012,15(6):72-84.
[166] 张闯,张涛,庄贵军. 渠道关系强度对渠道权力应用的影响——关系嵌入的视角[J]. 管理科学,2012,25(3):56-68.
[167] 沙振权,高以成,蒋雨薇. 成员间信息共享对渠道经销商的绩效影响[J]. 经济管理,2010(4):102-108.
[168] 蒋峦,蓝海林,谢卫红. 企业边界的渗透与模糊[J]. 中国软科学,2003(4):59-63.
[169] Heide J B, John G. Do norms matter in marketing relationships? [J]. Journal of Marketing, 1992, 56(2): 32-44.
[170] Eroglu S A, Machleit K A, Davis L M. Atmospheric qualities of online retailing: a conceptual model and implications[J]. Journal of Business Research, 2001, 54(2): 177-184.
[171] Heyman J, Ariely D. Effort for payment: a tale of two markets[J]. Psychological Science, 2004, 15(11): 787-793.
[172] Ronen J, Livingstone J L. An expectancy theory approach to the motivational impacts of budgets[J]. Accounting Review, 1975, 50(4): 671-685.
[173] Demski J. Feltham G. Economic incentives in budgetary control systems [J]. Accounting Review, 1978, 53(2): 336-359.
[174] Bottom W P, Holloway J, Miller G J, et al. Building a pathway to cooperation: negotiation and social exchange between principal and agent[J]. Administrative Science Quarterly, 2006, 51(1): 29-58.
[175] 吕涛,聂锐. 非正式控制对销售人员绩效和客户关系质量的影响[J]. 南开管理评论,2009,12(2):153-160.
[176] Fehr E, Gächter S. Do incentive contracts crowd out voluntary cooperation? [J]. IEW-Working Papers, 2002,16(3): 9-12.
[177] Arndt A D, Karande K, Landry T D. An examination of frontline cross-functional integration during retail transactions[J]. Journal of Retailing, 2011, 87(2): 225-241.
[178] 王晓玲. 企业高绩效工作系统:组织承诺中介机制的实证研究[J]. 中国软科学,2009(s1):223-230+257.
[179] Grawe S J, Daugherty P J, McElroy J C. External organizational commitment among organizational implants: the case of logistics service providers[J]. Transportation Research Part E Logistics & Transportation Review, 2012, 48(1): 165-177.
[180] Hartline M D, Ferrell O C. The management of customer-contact service employees: an empirical investigation[J]. Journal of Marketing, 1996, 60(4): 52-70.
[181] Hughes D E, Ahearne M. Energizing the reseller's sales force: the power of brand identification[J]. Social Science Electronic Publishing, 2010, 74(4): 81-96.
[182] 王玉梅,刘雪莲,丛庆. 如何提高饭店业一线员工的服务补救绩效:模型与实证[J]. 旅游学刊,2012,27(3):69-77.
[183] 汪新艳,廖建桥. 组织公平感对员工绩效的影响[J]. 工业工程与管理,2009,14(2):

97-102.

[184] 莫申江，王重鸣. 国外双重认同研究前沿探析[J]. 外国经济与管理，2011(10)：52-57.

[185] 金辉，杨忠，冯帆. 物质激励、知识所有权与组织知识共享研究[J]. 科学学研究，2011，29(7)：1036-1045.

[186] 刘枭. 组织支持、组织激励、员工行为与研发团队创新绩效的作用机理研究[D]. 杭州：浙江大学，2011.

[187] Piercy N F, Cravens D W, Lane N, et al. Driving organizational citizenship behaviors and salesperson in-role behavior performance: the role of management control and perceived organizational support[J]. Journal of the Academy of Marketing Science, 2006, 34(2): 244-262.

[188] Merchant K A. The design of the corporate budgeting system: influences on managerial behavior and performance[J]. Accounting Review, 1981, 56(4): 813-829.

[189] Sohi R S. The effects of environmental dynamism and heterogeneity on salespeople's role perceptions, performance and job satisfaction[J]. European Journal of Marketing, 1996, 30(7): 49-67.

[190] 陈晓萍，徐淑英，樊景立. 组织与管理研究的实证方法[M]. 北京：北京大学出版社，2008.

[191] 雷星晖，刘大永. 特许经营的理论假设研究[J]. 同济大学学报(社会科学版)，2002，13(2)：61-66.

[192] Norton S W. An empirical look at franchising as an organizational form[J]. Journal of Business, 1988, 61(2): 197-218.

附录1　探索性研究的访谈提纲

（访谈人员使用）

一、访谈引导语

您好，我正在进行一项关于制造商跨企业边界激励对中间商销售人员工作绩效影响的研究，即关于汽车销售人员受到的销售产品的制造商的直接激励对其工作绩效的影响。本访谈主要是要了解，在通常情况下，汽车经销商销售人员能得到制造商的哪些激励，以及销售人员对制造商以及经销商有哪些组织承诺。

访谈开始前，向您郑重保证：这次访谈仅用于学术研究，您所提供的资料会得到绝对保密，如果将来在研究报告中需要引用您提到的信息，绝对会将人名、地名、单位名称等所有个人信息隐去，绝对不会涉及您的个人隐私。访谈过程中，您有权随时退出，不必承担任何责任。

二、访谈主要内容与问题

1. 核心问题

(1) 我们对跨企业边界激励的理解是："存在契约关系的两企业，其中一企业突破契约边界，对与另一企业有契约关系的人员进行激励的行为。"据您了解，汽车制造商给予经销商销售人员的跨企业边界激励有哪些？请描述跨企业边界激励的内容。（结合两种类型的划分）

(2) 您认为，上述激励是否会对员工绩效产生影响？会产生何种影响？如何影响？

(3) 我们对外部组织承诺的理解是:"经销商销售人员对制造商的认同与参与。"请问根据您的体验,您与汽车制造商之间是否存在承诺? 如果存在,请描述承诺的内容。(结合三种类型的划分)

(4) 请结合您的工作经历,介绍一些外部组织承诺的具体事件(背景、过程与行动、结果)。

(5) 您认为,制造商实施的销售人员激励对外部组织承诺有什么影响?

(6) 您认为,外部组织承诺会带来什么样的后果? 对员工和企业有什么影响? (最好给出2个具体事例)

(7) 您认为,在同等的外部组织承诺下,什么样的人较容易有更好的工作表现?

2. 受访人基本信息

最后,请问您一些基本信息,同时也请您放心这些资料都会被保密。

1. 请您介绍一下所在公司基本情况(企业性质、规模、地区)。

2. 请您介绍一下您个人基本情况(性别、婚姻状况、教育程度、职业、岗位级别、工作年限、本单位工作年限)。

三、访谈结束语

本次访谈的问题到此结束,您还有什么要补充的吗?

再次感谢您的协助! 谢谢! 祝您工作顺利,幸福健康!

附录2　调 查 问 卷

尊敬的女士/先生：

您好！

我正在进行一项旨在评估制造商对第三方经销商销售人员直接激励效果的研究。感谢您抽出宝贵的时间填写问卷。本调查完全通过匿名方式进行，所获数据只用于研究，不涉及公司内部机密，您的答案将被严格保密。所有题目均为单选，您的答案无对错之分，请您按自己的真实想法作答，在相应的选择框内打勾。

您填写的问卷对此项研究的准确性至关重要，由于问卷讲求完整性，一题漏答整个问卷将作废，因此烦请您仔细回答全部问题，不胜感激！

第一部分　基本资料（请在合适的"□"内打"√"）

A1	您的年龄	□ 20岁及以下	□ 21～25岁	□ 26～30岁
		□ 31～35岁	□ 36～40岁	□ 40岁及以上
A2	您的性别	□ 男	□ 女	
A3	教育程度	□ 初中及以下	□ 高中(中专)	□大专
		□ 本科	□ 硕士	□ 博士
A4	婚姻状况	□ 未婚	□ 已婚有子女	□ 已婚无子女
		□ 其他		
A5	在本公司工作时间	□ 3年以下	□ 3～5年	□ 6～8年
		□ 9～12年	□ 12年以上	
A6	您的岗位	□ 销售顾问	□销售经理	

第二部分 制造商跨企业边界激励(请您根据个人实际情况,对下列各项叙述的同意程度做选择,5分为最高分,1分为最低分)

代码		完全同意	同意	一般	不同意	完全不同意
B1	制造商会根据经销商销售人员的销售绩效给予一定奖金	5	4	3	2	1
B2	汽车制造商会根据销售人员的销售绩效给予一定积分,可以兑换礼品、旅游等	5	4	3	2	1
B3	制造商会根据经销商销售人员的需求,开展相应的培训	5	4	3	2	1
B4	制造商会根据经销商销售人员的销售绩效授予一些荣誉称号,如销售明星等	5	4	3	2	1
B5	制造商会为经销商销售人员提供一定的销售支援	5	4	3	2	1
B6	制造商会定期安排同行间交流活动	5	4	3	2	1
B7	制造商会对表现优异的经销商销售人员进行通报表彰	5	4	3	2	1

第三部分 中间商销售人员对制造商的外部组织承诺(请您根据个人实际情况,对下列各项叙述的同意程度做选择,5分为最高分,1分为最低分)

代码		完全同意	同意	一般	不同意	完全不同意
C1	我向朋友介绍自己的工作时,会介绍自己销售的是该制造商的产品	5	4	3	2	1
C2	我的价值观与该制造商的很相似	5	4	3	2	1
C3	我以自己能成为该制造商的销售人员而自豪	5	4	3	2	1
C4	该制造商鼓励我在工作中做到最好	5	4	3	2	1
C5	我很高兴选择了销售该品牌的产品而不是其他的	5	4	3	2	1

（续表）

代码		完全同意	同意	一般	不同意	完全不同意
C6	这家制造商可能是我合作过的最好的一家	5	4	3	2	1
C7	我愿意投入巨大的努力，帮助制造商取得成功	5	4	3	2	1
C8	为了改善我的销售绩效，我愿意学习更新、更好的专业知识	5	4	3	2	1
C9	我很关心该制造商未来的发展	5	4	3	2	1
C10	我对该制造商没有什么忠诚可言	5	4	3	2	1
C11	继续销售这个品牌的产品，不会带来什么好处	5	4	3	2	1
C12	我经常很难同意该制造商的一些针对经销商销售人员的政策	5	4	3	2	1

第四部分　销售人员组织承诺（请您根据个人实际情况，对下列各项叙述的同意程度做选择，5 分为最高分，1 分为最低分）

代码		完全同意	同意	一般	不同意	完全不同意
D1	我会对我的朋友说：我工作的公司是一个值得效劳的公司	5	4	3	2	1
D2	为了能继续留在本公司做事，公司指派给我的任何工作，我都愿意接受	5	4	3	2	1
D3	我发现我个人的价值观与公司的经营理念十分相似	5	4	3	2	1
D4	当我对别人提起自己是这家公司的一员时我会觉得很自豪	5	4	3	2	1
D5	本公司能够鼓舞我尽力发挥所长	5	4	3	2	1
D6	我很庆幸当年找工作时，选择这家公司而不是其他公司	5	4	3	2	1
D7	本公司可能是我工作过的公司中最好的一家	5	4	3	2	1

（续表）

代码		完全同意	同意	一般	不同意	完全不同意
D8	我愿付出额外的努力，以使公司获得成功	5	4	3	2	1
D9	为了改善我在这家公司的绩效，我愿意学习更新、更好的专业知识	5	4	3	2	1
D10	我十分关心公司的前景	5	4	3	2	1
D11	为了能对这家公司有更大的贡献，我愿意继续进修，以便充实专业知识	5	4	3	2	1
D12	我目前所具有的专业知识和经验已足以应付我在这家公司的职务需要，继续进修是不必要的	5	4	3	2	1
D13	我对公司几乎没什么忠诚可言	5	4	3	2	1
D14	继续待在这家公司，不会有什么好处	5	4	3	2	1
D15	我经常很难同意公司的一些与员工有关的重要政策	5	4	3	2	1
D16	我决定在这家公司做事，显然是件错误的事	5	4	3	2	1

第五部分　销售人员工作绩效（请您根据个人实际感受，对下列各项叙述的同意程度做选择，5 分为最高分，1 分为最低分）

代码		完全同意	同意	一般	不同意	完全不同意
E1	我总是能够顺利达到计划的工作目标	5	4	3	2	1
E2	我总是在规定的时间内完成工作任务	5	4	3	2	1
E3	我的工作质量保持很高水准，且很少犯错误	5	4	3	2	1
E4	我的工作效果得到大家的认同	5	4	3	2	1
E5	我完成的工作任务符合自己的期望和上级的要求	5	4	3	2	1
E6	我经常在现有工作基础上，自我创新，提出更为完善或高效的工作方法	5	4	3	2	1

（续表）

代码		完全同意	同意	一般	不同意	完全不同意
E7	我非常愿意尽自己最大的努力做好工作	5	4	3	2	1
E8	我经常主动承担本职工作以外的工作	5	4	3	2	1
E9	我努力提高自身综合素质以提高工作效率	5	4	3	2	1
E10	我主动请求具有挑战性的工作	5	4	3	2	1
E11	我关注公司的运营情况，为公司发展献计献策	5	4	3	2	1
E12	我主动与同事沟通并相处融洽	5	4	3	2	1

——完——

问卷到此结束！再次感谢您的合作！